Paul Haschek
Unsere tägliche Freude gib uns heute

Paul Haschek

Unsere

Tägliche Freude

gib uns heute

**Ein Weg mit Gott
Gedanken, Bildmeditationen, Gebete**

Verlag Butzon & Bercker Kevelaer

Mitglied der »verlagsgruppe engagement«

Fotonachweis:
Seite 29: Hermine Kruta
Seite 73: Johanna Pemper
Seite 115: Pet Sabljak
alle anderen: Paul Haschek

In Dankbarkeit meiner Schwester gewidmet

CIP-Titelaufnahme der Deutschen Bibliothek
Haschek, Paul:
Unsere tägliche Freude gib uns heute: ein Weg mit Gott;
Gedanken, Bildmeditationen, Gebete / Paul Haschek. —
Kevelaer: Butzon u. Bercker, 1988
   3-7666-9585-1

ISBN 3-7666-9585-1

INHALT

III. ÜBERRASCHUNGEN

Sicher ist es auch Ihnen ein großes Anliegen, täglich etwas Freude zu finden, damit das Leben sinnvoll und erträglich bleibt. In der Natur und Geisteswelt oder im Umgang mit den Mitmenschen können wir viel Freude erleben, aber auch in der Begegnung mit Gott. Wenn Ihnen die tägliche Freude ein Anliegen ist, dann möchte ich Sie mit diesem Buch dabei begleiten. Die vorliegenden Gebete und Texte stammen aus meinem jahrelangen Suchen und Ringen, Beten und Leben und haben bis heute meine Gespräche mit Gott geprägt. Vielleicht können auch Sie das in diesem Buch Angesprochene weiterdenken, mit eigenen Lebenserfahrungen bereichern und so selber Freude und damit einen neuen Weg zu Gott finden.

Dieses Buch ist wie ein Spiegel. Wer darin liest, kann sich selber entdecken, seine Wünsche und Erlebnisse, seine Hoffnungen und Enttäuschungen, seine Freuden und Leiden. Gott ist uns gerade dann besonders nahe, wenn wir Freude suchen oder erleben. Möge Ihnen dieses Buch immer wieder neue Hilfe und Anregung sein bei Ihrem Beten, neue Orientierung und Kraft im alltäglichen Leben vermitteln und die Geborgenheit in Gott erleben lassen, die der Grund unserer Freude ist.

P. Paul Haschek

Gott kommt mir entgegen

Wie sachte fängt Gott an:
immer neu an jedem Morgen
mit einer Fülle von Gaben,
als sollte ich wählen,
was mein Herz erfreut.

Wie reich fängt Gott an!
Er lenkt meine Sehnsucht
nach Sinn und Freude,
als sollte ich das Beste
aus jedem Tag herausholen.

Wie geduldig fängt Gott an:
mit kleinen Gelegenheiten
in Abständen von Sekunden,
um ja nichts zu überhasten
in meinem Hunger nach Glück.

Wie sicher fängt Gott an!
Er sorgt für Blumen und Tiere
und er liebt uns Menschen,
als sollte ich endlich merken,
wie sehr er auch mich liebt.

Wie großzügig fängt Gott an!
Vom Guten, Edlen und Schönen
gibt er auch mir einen Teil,
als sollte ich täglich lernen,
mich über Kleinigkeiten zu freuen.

Anrufe

Was wir vorfinden
Was wir dahinter sehen
Was uns weiterführt

Gott liebt mich

Ich will beobachten, wie Gott mich liebt.
Der die Blumen auf Wiesen und Feldern
so herrlich entwirft und kleidet,
sollte der nicht noch viel mehr
Sorgfalt und Liebe für mich verwenden?
Der den Vögeln Leben und Nahrung gibt,
sollte der sich nicht sorgen um mich?
Der die Natur in ihrer Pracht erhält,
sollte der nicht auch mir Freude machen?

**Herr, ich vertraue dir. Du liebst mich mehr
als alle Blumen und Tiere zusammen.
Ich weiß, du denkst gerne an mich.
Du liebst mich und tust mehr für mich
als ich selber für mich tun kann.
Was ich bin und habe, ist dein Geschenk.
Jede Blume und Blüte soll mir helfen,
dich, o Gott, zu sehen und zu lieben.**

Gott liebt mich -
das ist mein größtes Geschenk.
Das soll auch meine größte Freude sein.

Es ist nicht der Beruf des Menschen,
Lämmer zu schlachten oder Steine zu klopfen,
er ist vielmehr dazu geboren,
mit einer Rose in der Hand umherzugehen.

Jean Giraudoux

Wenn ich bete, spreche ich mit Gott.
Das erfreut ihn und bringt mir Segen.
Beten ist eine spürbare Kraft der Freude,
die mein Denken und Handeln anregt
und Seele und Körper positiv beeinflußt.

Gutes Gebet bringt Ruhe und Entspannung.
Das Vertrauen zu Gott ermutigt mich.
Gott erhört ehrlich ausgesprochene Bitten
und seine Gaben befähigen mich,
vernünftiger auf Probleme zu reagieren,
Verkrampfungen und Hemmungen zu lösen,
die positiven Kräfte zu konzentrieren
und mutig meine Aufgaben zu erfüllen.

Gute Gebete können meinen Tageslauf beeinflußen,
Mut und Kraft, Begeisterung und Freude geben,
Neuorientierung für die Lösung der Probleme,
Zuversicht in Gottes Fügung und Führung.
Das kann mein Leben von Grund auf erneuern
und eine spürbare Hilfe sein.

Gebete wecken auch schöpferische Gedanken.
In mir sind viele Voraussetzungen und Kräfte,
um mein Leben richtig zu gestalten.
Diese werden durch das Gebet frei
und Gott hilft mir mit seiner Gnade,
ein schöpferisches Leben zu aktivieren.

Neue Gebete bringen neue Gesichtspunkte:
Worte ziehen Stimmungen nach sich.
Neue Ideen zeigen neue Hoffnungen und Wege.
Gehorsam, Liebe und Hingabe an Gott
vermitteln Motive mit größerer Wirkung.

Wer gut betet, arbeitet besser,
er fühlt sich freier und entscheidet klarer,
er handelt schneller und schläft ruhiger.
„Alles vermag er in dem, der ihn stärkt!"

Gutes Beten strahlt auch nach außen:
Wohlwollen, Liebe und Hilfsbereitschaft,
Vertrauen, Vergebung und Geduld
wirken spürbar auf mich und meine Mitmenschen.
Eine solch frohmachende Gebetserfahrung
bewirkt eine Umstellung meiner Geisteshaltung
und wirkt sich bis in meine Gesichtszüge aus.

Gott freut sich über jeden, der mit ihm spricht,
der ihn lobt und preist wegen seiner Größe,
der ihm dankt für seine Güte und Liebe,
der ihm vertraut und ihn um seine Hilfe bittet.
Daß Gott den Beter mit Freude und Liebe umfängt,
ist sichtbar und spürbar am Beter abzulesen.

Bei all deinen guten Werken
zeige ein frohes Gesicht!
Sir 35,11

Ich lebe von der Freude

In jeder Blüte ist etwas Honig.
Die Biene sucht und sammelt
Reserven für die Zeit der Not.

An jedem Tag ist etwas Schönes.
Frohmachende Erlebnisse,
gute Taten, Wissen und Können
sind wie Blüte, Honig und Frucht.
Von welcher Freude lebe ich
in den stillen Stunden des Alleinseins,
des Arbeitens, Leidens und Betens?
Wieviel Frohmachendes gebe ich weiter?

**Herr, laß mich die Schönheit der Natur
bewußt wahrnehmen und froh erleben,
und dahinter deine Herrlichkeit ahnen.
Laß mich verweilen und verkosten,
was mir Schönes begegnet.
Laß mich nicht nur Bescheid wissen
über Dinge und Menschen,
sondern eine Beziehung erleben,
die mein Innerstes erfreut.
Schenke mir die Fähigkeit,
dich in deinen Gaben zu erkennen.**

*Wenn du das Gute
des anderen beachtest,
wird er zu dir gut sein.*

Mein Herr und mein Gott!
Du hast mir den neuen Tag geschenkt
und mit ihm ein neues Stück Leben.
Ich danke dir, daß ich leben darf.
Es macht mich froh, daß du mich liebst,
daß du mir gibst, was ich brauche
und was mir Freude macht.

Segne mein Wachen, Mühen und Ruhen,
mein Leiden, Arbeiten und Kämpfen.
Dir vertraue ich,
denn von dir kommt alles Gute.
Dir will ich ganz gehören.
Dir will ich heute Freude machen.
Segne mir diesen Tag.

Ich sehne mich nach Glück und Freude.
Ich sehe mich in der Natur mitten drin
in einer Fülle blühenden Lebens.
Alles spricht mir von Gottes Liebe:
Er läßt wachsen und blühen,
gedeihen und Frucht bringen.
Gott gibt auch mir alles,
was ich für ein erfülltes Leben brauche.
Und ich nehme alles dankbar und freudig an.

Jeder Tag ist ein neues Stück Leben.
Heute kann ich Dinge tun,
die ich noch nie getan habe.
Heute kann ich aus der Enge treten
und Licht, Freude und Frieden erleben.
Ich will es mit Vertrauen versuchen.

Auch in meinem Leben gibt es
immer wieder Überraschungen.
Hilf, daß ich deinen Anruf vernehme.
Mache mich offen und empfänglich
für die Aufgaben des Tages.
Gib mir Kraft und Lebendigkeit,
neue Situationen zu meistern.
Gib mir Mut und Vertrauen,
immer wieder neu zu beginnen.
Noch bin ich nicht am Ende
mit meinem Wissen und Können,
mit meinem Glauben und Beten.
Ich bleibe unterwegs zu dir.
Bitte, komm mir heute auch entgegen!

Bestimme die Richtung deines Lebens:
Willst du hinein in das Dunkle und Enge
oder heraus in die Helle und Freude?
Bestimme deine Erlebnisse!

In den Wisconsin Dells, USA

Herr, schenke mir Geduld

Herr, schenke mir Geduld mit mir selber,
daß ich nicht traurig bin oder verzweifle,
weil ich nicht so bin, wie ich gerne wäre,
wie andere mich immer wieder haben wollen
oder wie ich vor dir sein sollte.
Doch hast du Geduld mit mir,
dann will auch ich geduldig sein.

Herr, schenke mir Geduld mit meinen Mitmenschen,
die oft gar nicht leicht zu ertragen sind.
Du erwartest von uns mit Recht,
daß einer des anderen Last ertrage.
Und hast du Geduld mit meinen Mitmenschen,
dann will auch ich mit ihnen geduldig sein.

Schenke mir Geduld in meinen Problemen.
Was du mir zu tragen gibst, o Herr,
das wird seinen Sinn haben, so glaube ich.
Aber schenke mir die nötige Geduld,
denn ich brauche sie wie das tägliche Brot,
um mit allem Schweren fertig zu werden.
Bleibe du mir immer nahe mit deiner Hilfe.

Wenn du es nicht mehr aushältst,
packe deine sieben Sachen
und zieh zum Nachbarn -
du wirst bald gerne und froh
nach Hause zurückkehren.

Alter Präriewagen in Arizona

Herr, laß mich nicht in Illusionen flüchten
und an der Wirklichkeit vorbeileben.
Gib mir Kraft zu einem Neubeginn
und führe mich den Weg zur Freude:
aus der Verzweiflung in die Hoffnung,
aus der Unruhe zum Vertrauen,
aus der Furcht in die Geborgenheit,
aus der Selbstsicherheit zum Glauben.
Herr, ich danke dir, daß du
mein ständiger Wegbegleiter bist.

Frost macht hart

Ich habe nichts gegen dich:
aber ich verteile mit Bedacht mein Vertrauen.
Mein Leben ist zu kurz und zu kostbar,
um die Zeit mit hartherzigen Menschen zu vertun.
Ich hasse dich nicht: aber ich meide alle,
die mir zuviel Porzellan zerschlagen.
Ich gehe dir nicht feige aus dem Weg:
aber ich will keine Aggressionen pflegen,
sonst verliere ich die Liebe und bekomme dafür
Elemente des Ärgers, der Verzweiflung, des Todes.
Ich muß die wahren Freuden suchen und schützen.
Ich verschließe mich nicht vor dir:
aber ich lasse deine Stimmung in mir nicht ein.
Ich vergeude mein Leben nicht mit Menschen,
die sich auf Kosten anderer herausstellen.
Ich will sicher und geborgen, froh und frei sein.

Besser, gar kein Umgang mit Menschen
als mit Lügnern, Erpressern und Egoisten.
Sonst mengen sich ihre Gedanken in meine.
Und wer schützt mich davor, wenn nicht ich?
Meine Seele ist keine Schuttablage.
In entsetzlichen Prüfungen habe ich gelernt,
was ich nur von ferne ahnte und wußte,
daß ich von niemand etwas zu erwarten habe,
als nur von Gott - von ihm aber alles.

Einsam in frostiger Höhe, trägt der Baum doch Sinn in sich und wartet mit der Sicherheit eines Hoffenden auf die nächsten schönen Tage voll Sonne und Wärme.

Wie begegne ich den Mitmenschen?

Wie vielen Mitmenschen begegne ich täglich? –
Es sind immerhin einige.
Und es ist wichtig, wie ich ihnen begegne.

Ich kann vorsichtig sein und ausweichen,
den Mund halten und mich zurückziehen. –
Ich kann aber auch vergeben und vertrauen
und immer wieder neu Gemeinschaft pflegen.

Ich kann andere fürchten, ihnen böse sein,
schlecht über sie denken, über sie schimpfen. –
Ich kann aber auch verstehen und verzeihen,
für sie beten, sie segnen und lieben.
Solche Haltung tut auch mir gut.

Ich kann andere meiden, und sie aufgeben,
weil sie auf mich nicht eingehen. –
Ich kann aber auch Verständnis haben
und bei Schwächen und Schwierigkeiten helfen:
Das wäre sehr wichtig für einen Neuanfang.

Ich kann mich als Richter aufführen,
überall Unrechtes entdecken und beanstanden,
mit erhobenem Zeigefinger alles besser wissen. –
Ich kann aber auch die Freiheit des anderen
achten und seine Entscheidung gelten lassen.
So handelt auch Gott.

Ich kann Krieg führen und kämpfen,
mich und andere erhitzen,
Schaden an Leib und Seele zufügen. –
Ich kann aber auch das Gute suchen,
Anerkennung und Lob aussprechen
und Freundschaft pflegen.

Von mir hängt es ab,
wie ich den Mitmenschen begegne.
Jede gute Tat ist ein Baustein für mein Glück.
Meine größte Freude ist das Wissen:
Es lebt ein Mensch, dessen Herz sich freut,
denkt er an mich.

„Was ihr wollt, daß euch die Menschen tun,
das sollt auch ihr ihnen tun".

Mt 7, 12

Du bist wie ein Wunderspiegel:
wenn dich jemand finster anschaut,
gib ihm ein Lächeln zurück -
das wird ihn wundern und ändern.

Das Große liegt im Kleinen

Das Salz muß Kraft haben, um andere zu würzen.
Das Licht muß strahlen, um anderen zu leuchten.
Der Weg muß gangbar sein, um andere zu führen.
Wahrheit muß überzeugen, um andere zu erfüllen.
Leben muß intensiv sein, um glücklich zu machen.

Herr, laß mich im entscheidenden Augenblick
deinen Willen erkennen und tun.
Sind die Anfänge auch noch so zart,
du wirst Wege wissen, die zum Ziele führen.
Ist das Licht auch noch so schwach,
du wirst Wege wissen, um jemand zu leuchten.
Ist das Samenkorn noch so klein,
du wirst Wege wissen, vielfache Frucht zu geben.
Ist der Sauerteig noch so gering,
du wirst Wege wissen, daß er alles verändert.

Ich will jeden Tag damit beginnen,
daß ich mich auf die positiven Kräfte besinne
und mich an Liebe und Freude anpole.
Ein neues, schönes Stück Leben liegt vor mir.
Da will ich das Beste in mir entfalten
und alles Edle, Gute und Schöne
von meiner Umgebung aufnehmen
und meine Liebe in gute Taten umsetzen.
Alles wird mir gelingen,
weil du, Herr, mir die Kraft gibst.

Heiße Quellen im Yellowstone-Nationalpark, USA

Heute kannst du etwas Frohmachendes tun.
Tu etwas aus Liebe zu Gott,
ohne dafür eine Vergeltung zu erwarten.
Liebe ist weder Geschäft noch leeres Gerede.
Liebe gibt ganz selbstverständlich
und empfängt ganz selbstverständlich,
mit der Überraschung eines dankbaren Herzens.
Betätige deine Phantasie und sei erfinderisch:
Das macht das Leben interessant und froh.

Gib meinem Leben Inhalt und Wert

Ich habe mit vielen Dingen zu tun,
aber nicht alle erfüllen mich.
Ich schaffe mir Vorräte und nutze sie,
aber sie bringen mir nicht das Heil.
Wie oft frage ich mich: Wozu das alles?
Ich fürchte, am Eigentlichen vorbeizuleben.
Denn unser Wert liegt nicht
im Empfangen und Besitzen,
sondern im Geben und Lieben,
nicht im Warten auf die große Gelegenheit,
sondern im konkreten Tun des Guten.
Herr, gibt du meinem Leben Inhalt und Wert.
Laß mich Höheres erwarten
und auch Erfüllung finden.
Laß die Liebe und Gnade,
die uns geworden ist durch deine Nähe,
auch mein Leben bestimmen.

Mache mehr
aus deinen Talenten!
Aus Anstrengung Erfolg,
aus Erfolg Nutzen,
aus Nutzen Freude,
aus Freude Kraft,
aus Kraft Liebe.

**Frucht des Geistes
ist Liebe, Freude,
Friede . . .**   Gal 5,22

Gibt es ein größeres Geschenk,
als aus Freud und Leid zu lernen:
ein guter und froher Mensch zu werden,
und sein Bestes zu geben;
Gott zu begegnen und sich von ihm
täglich neu beschenken zu lassen;
mutig seinen Weg zu wagen
der ewigen Berufung entgegen?
Eben stehe ich im Bahnhof
und wechsle den Zug.
Eben beginnt ein neues Ziel
seine Strahlen zu senden.
Eben lebt eine neue Hoffnung auf.
Der Schatten ist hinter mir,
das Gesicht strahlt wie eine Blume
einem neuen Sinn entgegen.
Eben war ich noch verstrickt
in alte Gewohnheiten.
Jetzt blühe ich wieder auf.
Alles kann so befreiend anders sein,
wenn mich Gott neu anspricht:
Sicher werde ich heute wieder
ein guter und froher Mensch sein.

Ein fröhliches Herz
macht das Gesicht heiter . . .
Spr 15,13

Blumen und Blüten

Die Natur ist voll von Blüten und Früchten.
Eine Atmosphäre voller Zukunft und Hoffnung.
Eine einzige Freude als Grund zum Weiterleben.
Eine wogende Farbenpracht voll Sinn und Leben.
Morgen vielleicht ist etwas anderes wichtig.
Aber heute kommt es auf das Blühen an.

Ziehe Freude aus einer Landschaft,
Ruhe und Stille aus einem See,
Abwechslung aus Wäldern und Wolken,
Bewunderung und Entzücken aus Blumen.
Auch wenn man Blumen nicht essen kann,
tun sie doch mehr für die Volksgesundheit
als alle gebratenen Hühner der Welt.

Auch ich bin ein Wunderwerk der Natur.
Ich muß das Erfreuliche nicht machen,
aber als Geschenk kann ich es annehmen.
Mit meinem Streß und Pflichtbewußtsein
kann ich nicht so viel Entzücken schaffen
wie eine Stunde in der Natur vermittelt.

Sooft die Sonne aufsteht,
erneuert sich mein Hoffen
und bleibet bis sie untergeht
wie eine Blume offen.
                              Gottfried Keller

Blüten eines Kaktusbaumes, Arizona, USA

Herr, immer wieder erkenne ich, wie ich
durch den Umgang mit Menschen und Dingen,
mit Vögeln und Tieren, Blumen und Bäumen
selber reich und glücklich werde,
wie ich durch sie die Schönheit der Welt
und meine eigenen Werte entdecke.
Laß mich den ganzen Reichtum erkennen,
den du in Menschen und Dinge gelegt hast
und in der Freude meines Herzens genießen.

Ich danke dir für alles Frohe in meinem Leben,
weil es ein Geschenk deiner Gnade ist.
Von dir geschaffen, lebe ich nur durch dich.
Von dir geliebt, kann auch ich andere lieben
und die ganze Schöpfung in mein Herz schließen.
Von dir beschenkt, bin auch ich in der Lage,
anderen zu schenken und mit ihnen zu teilen.
Von dir erlöst, kann auch ich Frieden bringen
und die Menschen glücklich machen.

In der Natur erleben wir das große Ahnen um einen Sinn,
der jenseits allen menschlichen Sinnes oder Unsinnes be-
gründet ist. Die Pflanzen und Tiere, überhaupt jedes Lebe-
wesen läßt uns einen Blick tun hinter das große Geheimnis
unseres Lebens und wir ahnen dahinter den guten Gott, der
uns zur Freude berufen hat.

Eine tiefe Sehnsucht in mir
sucht nach Weisheit.
Ich kann nicht leben von der
ständigen Narretei und Illusion,
die mir so viele vorleben.

Ein tiefes Ahnen in mir
sucht den Sieg des Guten.
Ich will nicht glauben
an die Macht des Bösen,
auch wenn ich noch soviel
Unrecht und Bosheit erfahre.

Ein tiefes Wollen in mir
sucht nach Geborgenheit.
Ich will nicht bleiben
in Enttäuschung und Untergang.

Nur du, Herr, kannst erlösen
und befreien, helfen und heilen.
Sei du die Mitte meines Lebens.

Ein Leben in Gesundheit
ist mir lieber als Gold,
ein frohes Herz
lieber als Perlen.
                    Sir 30,15

Abendstimmung am Neusiedler See, Burgenland

Gelegentlich muß man sich auch - wie in einem Boot - von unsichtbaren Kräften treiben lassen. Was hier wie Stille und Ruhe aussieht, ist tragender Grund und treibende Kraft, sichtbar und spürbar und doch voller Geheimnisse. Abseits von Arbeit und Verpflichtung kann man erfahren, daß es auch ohne gewohnten Streß geht. Ich brauche etwas um mich, das mich vergrößert und hinausträgt über meine Grenzen, das mir Hoffnung und Zuversicht gibt, an ein neues Ufer zu gelangen. Es ist das große Ahnen und die uralte Sehnsucht nach immer größerer Freude, deren Erfüllung wir in Gott erhoffen.

Was ich gerne hätte

Ich bewundere Blumen
und hätte gern ihre Schönheit.
Ich höre das Meer rauschen
und hätte gern seine Weite.
Ich träume den Vögeln nach
und hätte gern ihre Freiheit.
Ich ruhe auf einem Stein
und hätte gern seine Härte.
Ich gehe über die Wiese
und hätte gern ihr Blühen.
Ich betrachte mich im Spiegel
und danke dir, o Gott, -
daß ich ein Mensch bin.

Die Sonne soll nicht untergehen über meinem Zorn.
Ich lege mich nicht bedrückt und böse zur Ruhe,
weil ich sonst Trübsal bereite für den neuen Tag.
Ist mein Geist in der Nacht frei von Sorgen,
kommt Erholung und Freude, Heilung und Kraft.
Ich habe unendlich viel in mir zu schützen.
Die Hand im Feuer wird rot, wund und entstellt.
Neid und Mißgunst wirken noch ärger als Feuer.
Sie verbrennen Seele und Geist, Freude und Kraft.
Doch ich will ein frohes und freies Leben:
Ich vergebe jedes Leid und jeden Schmerz.
Ich halte meine Seele in die Sonne und empfange,
was mir von Gott an Liebe und Freude geboten wird.

+ Nimm nicht wichtig,
wer für dich oder gegen dich ist,
sondern sorge und bemühe dich darum,
daß Gott in allem,
was du tust, mit dir ist.

+ Wem Gott helfen will,
dem kann keines Menschen Verkehrtheit schaden.
Gottes Sache ist es,
zu helfen und aus jeder Verwirrung zu retten.

+ Wenn du zu schweigen und zu dulden weißt,
wirst du sicher die Hilfe erfahren.
Er weiß, wann und wie er dich errettet;
darum mußt du dich ganz ihm überlassen.

+ Auch mitten in der Verwirrung
ist der Demütige in tiefem Frieden;
denn er hat seinen Halt in Gott
und nicht in der Welt.
Halte du zuerst Frieden,
dann kannst du auch anderen Frieden bringen.

+ Glaube nicht, du hättest Fortschritte gemacht,
solange du dich nicht für geringer hälst
als alle anderen.

+ Wer sich von Leidenschaften beherrschen läßt,
verkehrt auch das Gute in das Böse,

und leicht glaubt er das Böse.
Wer erregt ist und in Unfrieden mit sich selbst,
wird von vielerlei Argwohn geplagt.

+ Wer nicht vergibt, hat keine Ruhe
und gewährt sie auch den anderen nicht.
Oft sagt er, was er nicht sagen dürfte,
und unterläßt, was er tun sollte.
Er bedenkt, was andere tun müßten,
aber er achtet nicht darauf,
was er selber zu tun hätte.

+ Ereifere dich zuerst über dich selbst;
nachher magst du dich
über den Nächsten ereifern.

+ Du verstehst dich darauf,
dein Tun zu entschuldigen und schönzufärben;
die Entschuldigung der anderen aber
magst du nicht annehmen.
Gerechter wäre es,
wenn du dich selbst beschuldigen
und deinen Bruder entschuldigen würdest.

+ Der Gute und Friedfertige
wendet alles zum Guten.
Wenn du willst, daß der andere dich trägt,
dann trage auch du den anderen.

Wie wertvoll sind meine Sorgen?

Herr, du weißt, wieviel mich bedrückt.
Ich trage ein Bündel ausgeborgter Sorgen:
Irrtümer und Gewohnheiten ganzer Generationen,
Dummheiten, die andere bei mir abgeladen,
Bosheiten, die einmal zu erleben genügt hätten.
Das alles zu tragen ist nicht der Mühe wert.

Während ich resigniere und Schlimmes befürchte,
deprimiert meine Lieblingsängste auskoste
und mich für den ärmsten aller Menschen halte,
unterhälst du mich, o Gott, mit Vogelgesang,
verpackst mir das Geschenk eines neuen Tages
mit einem herrlich glänzenden Sonnenaufgang,
und bietest mir an, mit Freude neu zu beginnen.

Führe mich heraus aus der ausgefahrenen Straße
meiner düsteren Gedanken und Gefühle von gestern
und zeige mir deine großzügige Liebe heute,
daß ich neu denken, handeln und leben kann.

„Sorgt euch nicht um euer Leben und darum, daß ihr etwas
zu essen habt, noch um euren Leib und darum, daß ihr
etwas anzuziehen habt. Das Leben ist wichtiger als die Nahrung und der Leib wichtiger als die Kleidung ... ängstigt
euch nicht. Euer Vater weiß, daß ihr das braucht. Euch je-
doch muß es um sein Reich gehen; dann wird euch das
andere dazugegeben." (Lk 12,22ff)

So unnahbar, stachelig und abweisend der Kaktus auch sein mag, wenn er blüht und duftet, lacht und Honig verschenkt, kommen Vögel zu Besuch und singen ihm aus frohem Herzen die schönsten Melodien. Alles kann so anders werden, wenn sich einer öffnet und verschenkt, wenn einer Freude macht und den anderen bereichert. Was vor kurzem noch unmöglich schien, ist befreiende Wirklichkeit: Es gibt einen Zugang zu jedem Menschen, nicht über die „abstoßenden Stacheln" des Negativen, sondern über seine Vorzüge und Leistungen. Jeder Mensch hat auch gute Seiten. Ein Kompliment öffnet sein Herz. Wieviel Freude erwächst aus gegenseitiger Hochachtung und Liebe!

Äpfel

Gute Äpfel sind eine köstliche Frucht.
Aber gefaulte Äpfel will ich nicht sehen.
Negative Gedanken sind ärger wie gefaulte Äpfel,
denn sie sind in mir und belasten mich ständig.
Neid, Mißgunst und Selbstmitleid wirken genauso.
Sie befallen über die Gedanken mein Inneres,
tragen die zerstörerische Kraft in die Organe,
blockieren den Austausch von Geist und Leben,
lassen Ängste, Sorgen und Depressionen wachsen,
binden Zeit und Energie, ersticken die Freude.
Weg mit den negativen Gedanken und Gefühlen!
Schluß mit dem unnötigen Ärger und Zeitverlust!
Ich bin auf der Welt, weil Gott mich liebt.
Ich bin ausgerüstet mit allen Fähigkeiten,
die Gott seinen Geschöpfen mitgegeben hat,
damit sie ein erfülltes, glückliches Leben haben.
Meine Lebenskraft hat bis heute gut gereicht,
sie hat mein Leben gelenkt und gestärkt,
sie führt mich auch jetzt zu Freude und Erfolg.
Ich bringe fertig, was für mich wichtig ist.
Denn Gott hat es so gewollt für mich
und er gibt mir auch die Gelegenheit
für ein sinnvolles, erfülltes, frohes Leben.
Und dafür danke ich Gott aus ganzem Herzen.

Deinen Willen zu tun, o Gott,
macht mir Freude.   Ps 40,9

Der reiche Ertrag nach dem großen Blühen
will zur Freude anderer dienen.
Bald werden sich die Vögel daran erfreuen.
Was du hast, benutze es doch,
um damit Freude zu bereiten:
dir selbst, den Mitmenschen, Gott.
Wer Gutes gibt, besitzt es doppelt.

Wie kann ich Sorgen überwinden?

1. Durch Gottvertrauen.
Gott weiß um mich und liebt mich.
Er gibt mir meine Lebensaufgaben.
Er gibt mir auch die Kraft,
mit allem gut fertig zu werden.
Gott gibt mir viele Hilfsmittel.
Wem sollte ich mehr vertrauen als ihm?

2. Durch Inventur des Geistes.
Stelle fest, welche Sorgen du hast.
Schreib sie hintereinander auf.
Bewerte sie nach der Dringlichkeit.
Überprüfe die Lösbarkeit.
Löse zuerst die leichten Probleme.
Für die schwierigen suche dir Helfer.

3. Durch Selbstbeherrschung.
Laß keine negativen Gedanken aufkommen.
Lege dir durch die Phantasie
nicht Hindernisse in den Weg.
Beunruhige dich nicht beim Einschlafen.

4. Reinige deine Gedanken und dein Herz
und konzentriere dich auf das Gute.
Schuldgefühle können überwunden werden.
Gott verzeiht ganz und für immer.
Aber du mußt um Verzeihung bitten.
Du mußt dir auch selber verzeihen.
Du mußt mit der Tatsache leben können,
daß du schwach warst – das ist vorbei.

Du mußt aber auch wissen,
daß du jetzt nicht mehr so bist.

5. Befürchte keine Strafe,
sonst kommst du in eine innere Spannung.
Das führt leicht zu äußerer Unruhe
und zu übertriebener Aktivität.
Wir Christen haben nicht weniger Sorgen,
aber mehr Hoffnung auf Hilfe.
Wir haben nicht weniger Probleme,
aber mehr Kraft und Mut durch Gott.

6. Schiebe nicht wie ein Bulldozzer
alles vor dir her, was dir ein Problem war
und dir bisher Sorgen gemacht hat.
Laß weg, was nicht mehr zu dir gehört.
Es ist falsch, jahrelang Haß zu empfinden
für etwas, das längst vorbei ist.
Die Welt verändert sich ständig.
Auch du bist heute nicht derselbe wie gestern.

7. Suche die Ladenhüter deiner Sorgen.
Mache dir eine Liste aller Dinge,
die dich heute noch empören oder ängstigen.
Reihe sie nach ihrer Stärke und Bedeutung
und versieh sie mit einem Datum.
Wie lange setzen sie dir schon zu?
Freue dich, daß dies alles längst vorbei ist!

Wenn mir die Liebe fehlt

Wenn mir die Liebe fehlt,
habe ich keine Begeisterung.
Weil ich nicht begeistert bin,
fühle ich mich frustriert.
Weil ich frustriert bin,
wachsen die Aggressionen.
Weil ich aggressiv bin,
ärgern mich die Fehler anderer.
Weil mich die Fehler ärgern,
kritisiere und bekämpfe ich sie.
Weil ich andere bekämpfe,
erwecke ich Widerstand.
Weil sich andere gegen mich wehren,
muß ich mich verteidigen.
Weil ich mich verteidige,
bin ich in großer Gefahr,
die Liebe zu verlieren.
Wenn mir aber die Liebe fehlt ...
(siehe oben)

Ich lasse das Vergangene ruhen.
Es hatte nicht die Kraft, weiterzuleben.
Es hat gegeben, was es geben konnte.
Nun gelten neue Aufgaben und Inhalte.
Ich lebe im jetzigen Augenblick
und baue auf dem Gegebenen auf,
um möglichst viel Freude zu gewinnen.

II.

Begegnungen

Menschen

Ereignisse

Werte

Kind Gottes

Ich bin ein Kind Gottes.
Von allen Seiten
strömt mir sein Leben entgegen.
Er gibt mir Freude.
Er gibt mir Kraft,
mein Leben im Alltag
erfolgreich zu meistern.
Er gibt mir Weisheit,
mit allen Problemen
richtig fertig zu werden.
In schöpferischen Pausen
bekomme ich immer wieder
neue Kraft von ihm.
So will ich darauf vertrauen,
daß er mir auch heute hilft.

Ich will nach innen horchen.
Meine innere Stimme
soll mich eindringlich warnen,
wenn negative Gedanken
am Werke sind.
Mein Personkern soll jeden
lebensfähigen Gedanken und Wunsch
zur Wirkung bringen.
Die guten Gedanken
sollen wachsen und blühen
und Frucht bringen.

Ich weiß zwar manches besser als andere,
doch besser als sie handle ich nicht.
Ich tue mich zwar in manchem leichter als andere,
doch liebevoller als sie bin ich nicht.
Ich kann zwar um manches mehr leisten als andere,
doch mehr Gutes als sie tue ich nicht.

Mein Wissen und Können allein genügt noch nicht,
ich brauche eine kreative Phantasie, o Herr,
daß mein Wollen auch fruchtbar wird im Tun.
Du gibst mir die Talente und erwartest auch,
daß ich mit Eifer und Hingabe das Meine tue,
und deine Güte und Liebe weitergebe an andere.

Herr, laß mich das Gute im anderen sehen
und zum Guten anregen in Wort und Tat.
Hilf mir, des anderen Last mitzutragen.
Gib mir Großmut, daß ich nicht verurteile.
Laß mich froh und geduldig sein,
daß ich zu jedem gut bin,
wie auch du gut bist zu mir.

Ihr sollt fröhlich sein,
ihr und eure Familien,
aus Freude über alles,
was eure Hände geschafft haben . . .
                                    Dtn 12,7

Wie zart ist die Grenze zwischen Mensch und Tier. Vertrauen und Zuneigung vermitteln Geborgenheit und Sicherheit. Der Weg zueinander besteht aus vielen kleinen Schritten, macht aber doch viel Freude.

Wie zart ist die Grenze zwischen Mensch und Mensch! Es braucht oft lange, bis wir uns richtig verstehen und annehmen können. Erst wenn es gelingt, vorbehaltlos, wirklich und radikal zu lieben, wird das Leben hell, froh und überraschend schön. Es lohnt sich, diesen Schritt zu wagen.

Wie zart ist die Grenzen zwischen Mensch und Gott! Aber wir können ihm nahen. Je mehr wir auf ihn zugehen, umso mehr kommt er uns entgegen und schenkt uns Freude.

Bleibe naturverbunden

Wenn du Freude und Ausgeglichenheit suchst, geh in die Natur. Dort weitet sich dein Blick. In der Wohung oder im Häusermeer der Stadt geht unser Blick unter im allzu Gewohnten, oft Nichtssagenden. In der Natur gibt es Wunderbares zu sehen. Das vermittelt neue Erlebnisse und Gedanken. In der Natur kannst du dich regenerieren: Das gesunde Durchatmen belebt ganz neu. Das macht frisch, frei und froh. Und wenn du ins Gespräch mit Gott kommst, dann kannst du verstehen, daß das Beten wie ein Atmen der Seele glücklich macht. Viele können in der Natur besser beten als in der Enge eines Raumes.

In der Natur kannst du Abstand gewinnen zur Hetze des Alltags. Es wird meist von uns nur verlangt und gefordert. Wenn wir das Zehnfache tun würden, wären wir noch nicht fertig mit dem, was andere von uns erwarten. Durch den täglichen Streß verkrampfen wir, werden gereizt und oft unausstehlich. Das wirkt sich sehr negativ auch auf die Mitmenschen aus. Sie haben darunter zu leiden, weil wir nicht ausspannen. Die Natur könnte Wunder wirken und uns von vielen Problemen befreien.

Die Natur lehrt uns Gelassenheit. Ruhe aus in ihr. Höre auf mit deiner unermüdlichen Aktivität. Nimm die Schöpfung wie sie ist. Laß das Bestehende gelten. Laß dich beschenken und sei dankbar. Wir können kaum noch direkt erfahren und erleben, weil wir ständig verstehen, beherrschen, verändern wollen. Lerne beobachten, was uns Gott täglich schenkt. Betrachte die Vögel des Himmels, die Blumen des Feldes. Gott liebt dich mehr als diese.

Seitental bei Badgastein, Salzburg

Die Größe deiner Liebe

Herr, wie oft habe ich
die Größe deiner Liebe darin gesehen,
daß du mir Glück und Freude,
Kraft und Erfolg schenkst.
Aber immer häufiger kann ich bemerken,
daß du den Deinen das Kreuz bereithältst,
und daß sie gerade durch das Leid
immer reifer werden und zu dir finden.
Herr, ich bitte dich nicht um Leiden.
Vielleicht bin ich zu schwach,
sie recht zu tragen.
Aber ich bitte dich,
daß ich in der Freude wie im Leid
mit dir verbunden bleibe
und stets deinen Willen erfülle.
Nur du kennst mich ganz und weißt,
was mir wirklich zum Heile dient.
Darum gib oder nimm,
aber bleibe die Mitte meines Lebens.

Steige im Geist auf eine Wolke
und blicke auf dein Leben,
wo Vergangenheit, Gegenwart und Zukunft
in eins zusammengeschmolzen sind.
Das wird dir neue Perspektiven offenbaren.
Entdecke das Einigende, das Überwiegende:
dein Leben unter Gottes Führung
und darin das Gute, das Schöne, das Frohe.

Insel bei Rio de Janeiro, Brasilien

Herr, gib mir die Kraft, jedem Menschen,
der mir begegnet, etwas Gutes zu tun,
etwas von meiner Zeit und Kraft,
oder wenigstens eine kleine Freude
zu schenken, um sein Leben zu erhellen.
Vielleicht kann ich dadurch
eine Brücke des Vertrauens bauen
und damit dem anderen zeigen,
daß ich ihn annehme und bejahe
wie ein Geschenk aus deiner Hand,
und so eine Atmosphäre schaffe,
in der er sich wohl fühlen kann.

Denn in der Freude sind wir einander verbunden.
Du hast uns erschaffen zur Freude
und willst uns froh und glücklich sehen.
Wir müssen Freude oft teuer bezahlen.
Du aber schenkst sie uns ganz umsonst.
Du willst aber, daß wir sie erobern
und durch die Güte unseres Herzens
auch teilen und an andere weitergeben.

Darum gib mir die Kraft, jedem Menschen,
der mir begegnet, etwas Gutes zu tun,
etwas von meiner Zeit und Kraft,
oder wenigstens ein kleines Lächeln
zu schenken, um ihn so zu erfreuen.

*Wie gut,
daß die Liebe nicht
von den Händen und Füßen
abhängig ist.* Rosi Hörmann

Erhalte mir die Fröhlichkeit,
den Sinn für Freude und für gute Unterhaltung.
Laß mich glücklich sein im Wissen um deine Liebe,
die mir Nahrung und Kleidung schenkt,
gute Menschen und ein Zuhause.
Laß mich in Frieden und Wohlergehen
die Frucht meiner Anstrengungen genießen,
und an allen Menschen etwas Gutes entdecken,
daß ich mich ihrer freuen kann,
sooft ich ihnen begegne.
Mach froh mein Herz und Gemüt
und vertreibe alle Traurigkeit aus mir,
daß nicht ängstliche Sorgen und Schwermut
mein Leben belasten und verdüstern
und nicht Bosheit und Leid mich bedrücken.
Laß mich das Glück auch suchen in dir
und nicht nur in Menschen und Dingen.
Denn nur du kannst auf Dauer glücklich machen
und durch dich erhalten die Güter der Welt
ihren befreienden und frohmachenden Wert.
Herr, du liebst mich und gehst mit mir
und schenkst mir viele frohe Erlebnisse.
Auch ich will zu anderen gehen,
zu ihnen gut sein und ihnen Freude bereiten.
Segne du mein Bemühen und hilf mir täglich neu,
die Gelegenheiten zum Freudemachen zu nutzen.

Am Neusiedler See, Bgld.

Herr, wir sind von früh bis spät gefordert.
Wir müssen unser Wissen und Können
in den Dienst des Lebens stellen.
Fortgesetzt müssen wir arbeiten und etwas tun.
Du aber forderst von uns auch Besinnung.
Du willst Einkehr und Umkehr,
Loslassen der Welt und Zulassen deiner Gnade.
Befreie mich von der Herrschaft des kleinen Ich,
von meinem einseitigen Sicherungswillen
und dem Bestreben, alles selber tun zu wollen.
Laß mich vielmehr in dir verankert sein.
Denn im Grunde ersehne die Einheit mit dir,
der du die Erfüllung meiner Sehnsucht bist.

Herr, erfülle mir die Sehnsucht
nach einem sinnvollen religiösen Leben.
Gib mir im Gebet den rechten Zugang zu dir.
Ich möchte dir begegnen auf meine Weise
und mit dir reden von Herz zu Herz.
Laß mich offen mit dir alles besprechen,
was mich erfüllt oder bedrängt.
Denn deine Nähe möchte ich erleben
und Hilfe finden für mein Denken und Tun.
Du weißt, wie sehr ich dich achte, o Herr.
Ich möchte dich auch wirklich lieben können
mit einem lebendigen Glauben und Vertrauen.
Denn ich weiß, daß du in mein Leben wirkst,
weil du mit mir etwas ganz Besonderes vorhast.
Deine Liebe und Kraft reicht auch bei mir
bis in die alltäglichen Dinge und Erlebnisse.
Laß mich in diesem Bewußtsein leben,
daß du mich liebst und immer mit mir bist.
So werde ich meine Probleme lösen können
und auch mein Kreuz in Geduld ertragen.
Aber nicht meine Interessen sind wichtig,
sondern du, der du das Heil spendest
und mich eine Ewigkeit lieben willst:
Du gütiger, liebevoller Gott.

*Die den Herrn suchen, sollen sich
von Herzen freuen.*   1 Chr 16,10

Meine Welt ist mir zu eng. Da suche ich mir eine neue und beginne zu beten. Das ist der Anfang einer Lösung: Die Welt Gottes. Neue Hoffnungen geben neue Möglichkeiten. Schöpferische Gedanken stärken die Kraft zum Handeln. Aus der Vergangenheit gehe ich in eine bessere Zukunft, von der Grenze zum Unbegrenzten, vom Dunkel zum Licht. Meine Kraft und Freude ist spürbar, weil Gott mir nahe ist. Alles gereicht mir zum Besten, weil Gott mich liebt.

Segen der Freundschaft

Ich brauche jemand, der mich versteht,
der Sorgen und Freuden mit mir teilt,
der mit mir denkt und Probleme wälzt,
ich brauche einen Freund an meiner Seite.
Herr, lenke meine Interessen und Wege,
daß ich gerade mit jenen zusammentreffe,
die mich brauchen - und die ich brauche.
Und sei du in unserer Mitte,
damit unsere Freundschaft
Segen und Frieden schenke.

Herr, ich danke dir, daß du mein Leben
schön machst durch gute Freunde.
Sei du mit jedem, der mir begegnet.
Erfülle ihn mit Liebe und Geduld,
daß er mich anhört und versteht
und mir etwas Gutes zu sagen weiß.
Daß er sich Zeit nimmt und es bei mir aushält,
mich gelten läßt in Erfolg und Versagen,
und mich nicht aufgibt in der Not.
Daß er mich schützt, wenn andere mich bedrängen
und zu mir ja sagt in Freud und Leid.
Denn ich brauche jemand an meiner Seite,
der mich in sein Herz geschlossen hat,
und zu dem ich immer wieder zurückkehren kann:
wie zu dir, o Herr.

Markt in Zagreb, Jugoslawien

Herr, ich glaube an deine Güte und Liebe zu mir.
Du sorgst für mich, das weiß ich ganz gewiß.
Sicher gibt es in der Welt viele Härten.
Aber mit all ihren natürlichen Ursachen
ist sie doch einer höheren Macht unterworfen.
Du bist der Herr und Schöpfer dieser Welt.
Alles ist in deiner Hand, jeder Mensch, auch ich.
Du bist unser Vater und liebst uns alle.
Ich danke dir dafür, daß du der ruhende Pol bist
in dem ständigen Wechsel des Lebens.
Ich danke dir, daß ich Bestand habe in dir,
und daß du meine Zukunft bestimmst.
Hilf mir, wenn ich Schweres zu ertragen habe
und bleibe mir nahe, daß ich mich stets
in deiner Liebe geborgen weiß.

Die Weisheit deines Leidens, o Herr,
steht hoch über der Torheit unseres Treibens.
Ich glaube an den Sinn meines Leidens,
und daß es zu dir führen wird.
Nicht Macht und Reichtum kann mich retten,
sondern nur deine fürsorgliche Liebe,
mit der ich alles ertragen kann.
Nach allen irdischen Mühen und Leiden
schenkst du für immer Glück und Freude
und nimmst mich auf in deine Seligkeit.
Dafür danke ich dir mit frohem Herzen.

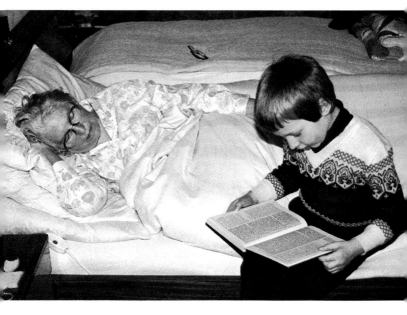

Kranksein ist ein Stück Leben und bedeutet mehr, als nur zu liegen und Medikamente zu schlucken. Auch Gott ist hier am Werk und lenkt das Geschehen. Gott ist gut, wenn er gibt, und Gott ist gut, wenn er nimmt. So liegt auch im Kranksein eine Chance: Viele finden wieder Zeit für sich und denken über ihr Leben nach. Sie werden aber auch von ihren Mitmenschen ganz neu geachtet, geliebt und umsorgt. Aus der Zeit der Krankheit läßt sich auch etwas Gutes machen. Nicht Angst und Sorge sollten uns bestimmen, sondern der Glaube an Gottes Liebe. Das gibt Hoffnung und Mut, Kraft und Freude. Die beste Medizin ist immer noch, sich von Gott und den Mitmenschen geliebt zu wissen.

Worin liegt die Freude?

Herr, du gibst mir immer neu deine Gaben.
Gib mir ein frohes, freies, großmütiges Herz,
so voll von Freude und Liebe,
daß ich mit anderen teile, was du mir gibst.
Laß mich zur Brücke werden für deine Liebe.
Gib mir Menschen, mit denen ich teilen kann,
und die mit mir teilen, was du ihnen gibst.
Ich will gerade den Menschen an meiner Seite
etwas Gutes tun und ihr Leben erhellen,
indem ich sie bejahe, liebe und annehme
wie ein Geschenk aus deiner Hand.

Herr, ich glaube ganz fest daran,
daß du mich so liebst, wie ich bin.
Du hast mir alles mit ins Leben gegeben,
was ich zum Glücklichsein brauche.
Ich will andere nicht um ihre Vorzüge beneiden,
und wegen meiner Schwächen und Fehler
nicht schlecht und minderwertig von mir denken.
Reinige mich von falschen Meinungen,
und stärke mein Vertrauen auf deine Hilfe.
Gib mir die Kraft, gut und wahr zu sein,
andere zu lieben und von ihnen Liebe anzunehmen.
Laß mich dadurch froh und glücklich werden.

Weil ich gerade
nichts Wichtigeres zu tun habe,
als glücklich zu sein
und Freude auszustrahlen,
will ich mich des Lebens freuen.
Vielleicht vergeht mir bald das Lachen
und dann wäre es bitter schade,
wenn ich keine Erinnerung
an glückliche Stunden hätte.

Bleibe jugendlich

Ich habe das Leben noch vor mir:
ich werde es gestalten.
Vom Vergangenen löse ich mich,
auf die Zukunft richte ich mich aus.
Ich sehe bereits das Ideal,
wie mein Leben sein wird.
Ich habe noch nicht die richtige Antwort,
aber ich stelle schon die richtigen Fragen.
Ich habe noch kein neues Land entdeckt,
aber schon die neue Lebensqualität dafür.
Ich habe bereits das einfache Leben gefunden.

Ein innerer Ruf zwingt mich zum Tun,
Ich handle nach meiner Überzeugung,
immer bereit zum Aufbruch.
Ein Ahnen verweist mich auf mehr.
Die Freude öffnet mir den Blick,
die Hoffnung jagt mich in Neuland,
der Durst treibt mich zur Quelle.
Sie sagen Leben, Sinn und Erfüllung.
Ich nenne dich mutig meinen Vater.
Ich habe das Leben noch vor mir:
Die große Überraschung mit dir, o Gott.

Wenn ich nicht froh wäre,
würde ein wichtiges Stück
auf dieser Welt fehlen.

Herr, ein kostbares Geschenk aus deiner Hand
ist ein Mensch, der mich annimmt und versteht
und es ehrlich mit mir meint.
Ich danke dir für alles Gute,
das du mir durch Menschen gibst
und für alles, was mir Menschen bedeuten.

Sei du mit jedem, der mir begegnet.
Erfülle ihn mit Liebe und Geduld,
daß er mich anhört und versteht
und mir etwas Gutes zu sagen weiß;
daß er sich Zeit nimmt und es bei mir aushält;
daß er mich gelten läßt in Erfolg und Versagen
und mich nicht aufgibt in Leid und Not;
daß er mich schützt, wenn andere mich bedrängen
und mir die Möglichkeit der Entfaltung gibt;
daß er zu mir steht in meiner Armut
und meine Schwäche ausgleicht durch seine Kraft:
denn ich brauche jemand an meiner Seite,
der mich in sein Herz geschlossen hat
und zu dem ich immer wieder zurückkehren kann.

Ich danke dir, daß du das Leben so fügst
und schön machst durch gute Menschen.
Gib auch mir die Einsicht und Kraft,
daß ich für andere da bin und sie liebe.

Ein guter Mitmensch schenkt Energie und Kraft,
Sonne und Freude, Ruhe und Glück.
Wir brauchen Heimat und Geborgenheit
im Herzen eines geliebten Menschen.
Wir brauchen Erinnerungen an frohe Stunden,
in denen ein Mitmensch uns beschenkt hat.
Wir brauchen auch gute Gelegenheiten,
in denen wir unser Herz verschenken können.
Wir brauchen gute Erfahrungen bei den Menschen,
daß wir auch an einen guten Gott glauben können.

Wie ein Bulldozer

Schiebe weg den Ballast falscher Vorstellungen,
negativer Gedanken, Ängste und Sorgen
und wirf ihn von dir wie Unrat und Mist.
Mache Platz im Herzen für einen Blumengarten.
Denn deine guten Erwartungen und Gedanken
verdienen mehr Pflege wie Blumen und Gemüse.

Wegen einer zerstörten Lieblingsvorstellung,
wegen einer vergangenen Illusion,
muß niemand traurig sein oder sterben.
Ärger und Zweifel ist Kraftvergeudung.
Ich habe wahrhaft Besseres und Vernünftigeres
mit meiner Zeit, Kraft und Fähigkeit zu tun,
als Verlust zu beweinen und Trauer zu pflegen.

Ich schiebe das Negative weg!
Ich mache mir selber Platz.
Ich kann mir Freude bereiten.

Ich mache Gott Platz!
Er will mein Bestes.
Er hat mich berufen,
ein Reich der Freude und Liebe
- auch für mich - mit aufzubauen.
Er gibt mir die Kraft
und die Begeisterung dazu.

Die Gartenwege machen wir sauber.
Warum nicht auch die Wege zu unseren Mitmenschen?

Die verbrauchten, abgefallenen Blätter schaffen wir weg,
warum nicht auch verbrauchte Ideen und Erfahrungen?

Wir machen Ordnung in Haus und Garten,
warum nicht in unserem Geist und Herzen?

Wir arbeiten acht Stunden pro Tag für andere.
Warum nicht auch für uns?

Mein Denken und Handeln

Mein einziges Eigentum ist mein Denken und Handeln.
In meinem Denken und Wirken habe ich
meinen Ursprung, meine Zuflucht, meine Zukunft.

Welche Tat ich auch verübe,
ich werde ihr Besitzer und Erbe sein.
„Wer mit beiden Händen glühende Kohlen ergreift
und sie auf andere wirft,
der verbrennt sich selber zuerst
und verbreitet von sich aus üblen Geruch." (Buddha)
Wer aber über andere gut denkt und zu ihnen gut ist,
kann sich seiner guten Werke freuen.

Was der andere mir auch Schmerzliches antut,
gereicht ihm mehr zum Unheil als mir selbst.
Denn auch er ist Besitzer und Eigentümer seines Wirkens.
„Wer andern Böses tut, gleicht einem Mann,
der gegen den Wind stehend
einen anderen mit Staub bewerfen will,
sich aber damit bloß selber bewirft." (Buddha)

Du darfst nicht jemand etwas antun,
wovon du die anderen abhalten sollst.
Du könntest dich vielleicht rächen,
wärest überlegen und sprachgewandt,
hättest gute Gründe zur Verteidigung
und wüßtest vom anderen manche Schwächen.
Was aber hast du, wenn du die Tugend verlierst?

Buddhistische Weisheit

Gesund sein

Ich will gesund und lebensfroh sein.
In mir sind alle Kräfte
für das gute Funktionieren der Organe.
Körper und Seele haben
ein überfließendes Reservoir,
um Gesundheit und Wohlergehen,
Lebensfreude und Güte zu bewirken.
Meine Zukunft ist frei
von Blockaden und Behinderungen.
Zuversicht und Freude wirken
bis in die einzelnen Zellen hinein.
Auch in mir sind die hohen Kräfte,
die Gott jedem Lebenwesen mitgegeben hat.
Wohin ich komme,
da sind auch meine Gedanken.
So will ich an meine Kraft denken,
an die Dinge, die mich froh machen.
Meine positiven Gedanken
und die dahinterstehende Freude
kann ich ausstrahlen, auf wen ich will.
Und das Wunderbare: sie wirken.

Herr, gib mir frohmachende,
befreiende, aufbauende Gedanken,
die mein Leben und das meiner Mitmenschen
positiv sehen und beeinflußen.
Ich will meine guten Lebenskräfte aktivieren,
und damit allen Freude machen.

Herr, hilf mir, zur rechten Zeit zu reden.
Du gabst uns die Sprache als Brücke zum Nächsten,
als Mittel und Werkzeug, das Gute zu tun.

Bewahre mich vor Streit und leerem Geschwätz.
Ich will nicht verletzen und kritisieren
und niemand schädigen durch mein Wort.

Laß mein Reden voll Inhalt und Kraft sein.
Wenn ich auch nicht immer Weisheit verkünde:
ein gütiges Wort soll es immer sein,
mit dem ich Trost und Freude vermittle.

Laß meine Worte wie Taten sein,
verläßlich und wahr, wohltuend und gut,
getragen von Liebe und Geduld,
Ausfluß des guten Herzens.
Wer mit mir spricht, soll bereichert sein,
weil er Zugang zu meinem Herzen gefunden.

Herr, gib mir die Kraft,
alles Störende auszuschalten
und alle positiven Kräfte zu sammeln,
daß ich aus meinem Leben
das Beste machen kann.
Du willst mir Leben in Fülle geben.
Hilf mir, die Sorgen zu überwinden
und täglich neu Freude zu erleben.

Am Big Eau Plain, Wisconsin, USA

Ich warte, bis ein Fisch beißt,
damit wir ein Festmahl halten.
Und wenn ich schon warte, ruhe ich mich aus.
Wenn ich schon ruhe, betrachte ich die Umgebung.
Und herumschauend, höre ich die Vögel singen.
Und während ich warte, ruhe, schaue und höre,
freue ich mich des Lebens und der schönen Natur.
Und wenn ich mich freue, danke ich Gott,
daß es auf der Welt so wunderbar ist.
So macht mir das Fischen auf jeden Fall Freude.

Das Bessere

Wir Menschen verlangen ständig
nach dem Besseren.
Bessere Straßen und Autos,
bessere Ärzte und Medikamente,
besseres Wissen und Können.

Auch ich habe stets
etwas Besseres zu geben:
meine Begegnungen und Gespräche,
meine Dienste und Opfer,
meine Nähe und Beziehung,
meine Liebe und Zuneigung.

Wenn ich andere schätze und liebe,
rege ich auch sie an, gut zu sein.
Wenn ich andere geringachte,
dann strahle ich etwas aus,
daß auch sie angeregt werden,
mich und meine Gaben geringzuachten.

Jeder strebt nach dem Besseren,
und ist auch bereit,
dafür zu geben,
vorausgesetzt,
daß er für seine Gabe
auch tatsächlich
Besseres bekommt.

Immer in der gleichen Position,
in der gewohnte Arbeit,
in der gleichen Lohnstufe:
Immer so schwunglos!
Heraus aus dieser mißlichen Lage!
Belebe deine Phantasie
und baue Luftschlösser.
Eile in deinem Geist
der gegenwärtigen Stellung
immer um etwas voraus.
Auf der einen Stufe
sieh bereits die nächste vor dir.
Du hast ein Recht,
Besseres und Schöneres zu erreichen.
Gedanken und Wünsche entwickeln Ideen,
stärken Interesse, beflügeln das Streben.
Wachse der Freude entgegen,
dann wirst du unentbehrlich.
Wage den Gedanken, eine erfüllende,
glücklichere Beschäftigung zu finden.
Suche Zugang zu einem Freundeskreis.
Du wirst Hilfe finden
und das Vertrauen der Mitmenschen.
Unsichtbare Kräfte werden wirken,
daß du dein Ziel erreichst.
Gott führt dich dorthin,
wo du deine Ziele am besten erreichst.

Minderwertigkeit

Ungesunde Menschen haben mich geimpft:
mit Zurücksetzung, Verachtung und Angst;
mit übertriebenem Ehrgeiz und falschen Zielen;
nur als Erster und Größter existieren zu können;
mit Handlungen, die nur der Eitelkeit dienen;
mit einengenden Vorstellungen und Allüren,
als hätte ich etwas Wichtiges zu verlieren.
Weg mit diesen Giften und Blockaden!

Gott hat mich anders gewollt und geschaffen:
Ich habe alles in mir für ein erfülltes Leben.
Ich bin ganz ruhig, froh und zufrieden.
In mir funktioniert alles richtig
für das Wohlergehen von Leib und Seele.
Ich bin leistungsfähig und tüchtig im Beruf.
Was ich tue, hat Wert und Bedeutung
für mich und für andere.
Ich fühle mich sicher und geborgen
unter meinen Mitmenschen,
mit denen ich zusammenlebe und zusammenarbeite.
Ich bin ein wertvolles und wichtiges Glied
in meiner Gemeinschaft.
So bin ich eben. Und so ist es gut.

Trotz all unserer Not
bin ich von Trost erfüllt
und ströme über von Freude.
2 Kor 7,4

Altenheim in Macapá, Nordbrasilien

Es ist kein Trost,
daß es anderen schlechter geht.
Aber es ist auch
mit weniger auszukommen.
Überall kann ich ein guter Mensch sein,
andere lieben und ihnen Freude bereiten.

Bewunderung

Soll ich immer nur andere bewundern:
ihre überspitzte Leistung im Sport,
ihre einflußreiche Stellung in der Politik,
ihren grandiosen Erfolg in der Wirtschaft,
ihre steile Karriere im Beruf,
die neueste Entdeckung in der Wissenschaft?

Ich bewundere jeden
guten, freien und frohen Menschen
und ich bitte dabei Gott:
Gleiches möge in mir geweckt werden,
daß auch ich gut, frei und glücklich bin.
Ich brauche mich nicht zu ducken vor anderen,
und all diese bewunderten Menschen
werden kaum einen Finger rühren,
daß ich stark, gut und glücklich werde.
Aber Gott gibt alles, was ich brauche,
um froh und frei und gut zu sein.
So will ich ihn bewundern und preisen
und mich über seine Größe und Liebe freuen.

Mit Mühen und Beschwerden
kann ich alleine fertig werden.
In der Freude aber muß ich eilen
und sie mit jemand teilen.
Henrik Ibsen

Wenn zwei Menschen sich verstehen, einander beschenken und sich gegenseitig Freude machen, wird das Leben hell und schön. Aber Stunden des Glücks wollen vorbereitet sein, erfordern ein gutes Herz und etwas Phantasie. Mit wenig Geld und Mühe läßt sich unendlich viel Gutes tun, wenn nur das Herz dahinter spürbar wird. Großes geschieht selten durch Zufall. Liebe lebt von Interesse und Begeisterung, von neuen Ideen und vernünftigen Zielen, von Geduld und Opfer. Gibt es etwas Schöneres als eine frohmachende Begegnung mit einem guten Menschen?

Herr, ich danke dir,
daß ich in all den Jahren
der Arbeit und Hetze,
des Treibens und Getriebenwerdens,
auch Zeit und Ruhe gefunden habe,
für mich und meine Belange,
für das Schöne um mich,
für deine Schöpfung,
für dich selbst.

Ich danke dir,
daß ich in dem Auf und Ab des Lebens
die Hoffnung auf dich bewahrt habe
und mich heute mehr denn je
nach der Gemeinschaft mit dir sehne.

Ich danke dir,
daß mein Mühen und Ringen sinnvoll war,
weil neben all dem Vergänglichen
doch die Erfahrung geblieben ist,
daß ich von dir angenommen und gesegnet bin.

Ich danke dir,
daß du bei aller Härte meines Lebenskampfes
mir viele Freuden geschenkt hast,
daß sie bis in mein Herz gedrungen sind,
und mir das Leben schön und erträglich machen.

Gott zeigt sich mir, ungefragt und ungesucht:
Ich weiß um Gottes Kraft hinter den Dingen.
Ich weiß um Gottes Schönheit hinter den Blumen.
Ich weiß um Gottes Weite hinter den Sternen.
Ich weiß um Gottes Klugheit hinter den Atomen.
Ich weiß um Gottes Liebe hinter den Menschen.
Ich weiß um Gottes Hoffnung hinter den Kindern.

Ich weiß um Gottes Allmacht in meiner Freiheit.
Ich weiß um Gottes Geduld in meinem Streben.
Ich weiß um Gottes Vergebung in meinem Versagen.
Ich weiß um Gottes Mut in meinem Beginnen.

Weil du mich führst, kann ich vertrauen.
Weil du mir hilfst, werde ich mit allem fertig.
Weil du mich liebst, kann ich andere lieben.
Weil du mir Ordnung gibst, bin ich geborgen.
Weil du dich mir offenbarst, bin ich gesegnet.
Weil du mich segnest, bin ich glücklich und froh.

Wie gerne möchte ich den Mitmenschen begegnen
wie in den Tagen meiner Kindheit:
ohne die unguten Erfahrung meines Lebens,
ohne geplanten Tageslauf mit Muß und Soll,
ohne auf Zweck und Streß achten zu müssen,
ohne Rücksicht auf die Gesetze der Logik.
Und wie schön wäre es, wenn auch sie
zu mir einfach gut wären ohne Hintergedanken.

Herr, laß mich wie ein Kind sein vor dir:
daß ich Freude und Zufriedenheit erleben kann
in den Kleinigkeiten des alltäglichen Lebens.
Ich möchte wieder froh und frei spielen können,
glücklich sein mit meiner vertrauten Umwelt,
und den Mitmenschen als Freunden begegnen.
Lehre mich wieder voll Vertrauen zu beten,
sorglos und unbefangen in die Zukunft zu blicken
und mich an den Schönheiten des Lebens zu
freuen, daß ich wieder beobachten und zusehen
kann und alle unerwarteten Ereignisse meistere.

Wie oft befällt mich die Sehnsucht:
Die Erinnerung an der Kindheit,
in der mir die Natur unermeßlich,
geheimnisvoll und mächtig erschien?
Die Sehnsucht nach Menschen,
denen ich so selbstverständlich trauen konnte.
Die Sehnsucht nach den Blumen und Vögeln,
die zu meiner Welt gehörten,
nach vertrauten Gegenständen,
mit denen man sprechen konnte
und die sich so freundlich
in unsere Welt eingeordnet haben.
Die Sehnsucht nach der Ehrfurcht
und Leichtgläubigkeit, ehe ich wußte,
was der „Regenbogen nun wirklich" war.

Ich will in Harmonie und Frieden
mit meinen Mitmenschen leben
und sie von der guten Seite sehen.
Ich habe Verständnis für ihre Schwächen.
Urteil und Gericht darüber überlasse ich Gott.
Auch ich bin nicht der vollkommenste Mensch.
Ich wünsche ihnen, daß ihre positiven Kräfte
durchdringen, wirken und Freude machen.
Herr, segne sie mit Freude und Liebe.
Gib ihnen Wissen und Kraft,
ihre Probleme zu lösen.
Erfülle sie mit deiner Liebe,
daß sie davon weitergeben können.
Auch ich will achten auf das Gute bei ihnen
und mich darüber freuen.

Ich will nicht herrschen über andere,
ich will nicht nörgeln und klagen,
nicht überall Schlechtes beanstanden.
Ich suche nicht in einseitiger Kritik
andere abzuwerten oder zu verurteilen.
Ich lasse negative Gedanken nicht zu,
weil sie unser Zusammenleben nur stören.

III.

Überraschungen

Hoffnung

Freude

Vertrauen

Ein Floh wird ein Elefant

Eine köstliche Geschichte hat Paul Watzlawick (Anleitung zum Unglücklichsein, Piper Verlag, München) geschrieben, wo wir uns so richtig wiederfinden können: Ein Mann will ein Bild aufhängen. Den Nagel hat er, nicht aber den Hammer. Der Nachbar hat einen. Also beschließt der Mann, hinüberzugehen und ihn auszuborgen. Doch da kommt ihm ein Zweifel: Was, wenn der Nachbar ihm den Hammer nicht leihen will? Gestern schon grüßte er mich nur so flüchtig. Vielleicht war er in Eile. Aber vielleicht war die Eile nur vorgeschützt, und er hat etwas gegen mich. Und was? Ich habe ihm nichts getan; der bildet sich da etwas ein. Wenn jemand von mir ein Werkzeug borgen wollte, ich gäbe es ihm sofort. Und warum er nicht? Wie kann man einem Mitmenschen einen so einfachen Gefallen abschlagen? Leute wie dieser Kerl vergiften einem das Leben. Und dann bildet er sich noch ein, ich sei auf ihn angewiesen. Bloß weil er einen Hammer hat. Jetzt reicht's mir wirklich. - Und so stürmt er hinüber, läutet, der Nachbar öffnet, doch bevor er „Guten Tag" sagen kann, schreit ihn unser Mann an: „Behalten Sie Ihren Hammer, Sie Rüpel!"
Wie viele solcher Hämmer gibt es in unserem Leben?

Wohin gehst du?
Die Frage ist wichtig
vor der Kreuzung.

Blick von der Festung Hohensalzburg

Laß dir nicht die Freude nehmen

Hat dir jemand ein Leid zugefügt? Schlimm genug!
Aber geschehen ist geschehen. Alles ist vorbei.
Warum quälst du damit jetzt deinen eigenen Geist,
indem du darüber nachdenkst und dich ärgerst?
Niemand hat die Macht, auf dein Inneres einzuwirken.
Du läßt den Bösewicht zu, wenn du an ihn denkst.

Du hast dich schon von manchen Menschen getrennt.
Von reichen und armen, von schlechten und guten.
Warum trennst du dich nicht auch von deinem Feind,
der dir nur Ärger, Unheil und Bosheit bringt?

Wenn du einem anderen in Zorn und Wut Böses tust,
ob er unter deinem Zorn leidet oder nicht:
dich selber quälst du damit auf jeden Fall,
weil dein Zorn dir sicher nur Leid bringt.

Wenn dich ein anderer ärgern und quälen wollte,
warum ärgerst du dich und erfüllst so seinen Wunsch?

Alles dauert nur einen kurzen Augenblick und vergeht.
Es ist schon Vergangenheit, was dir Böses getan wurde.
Warum verlängerst du das Böse in die Gegenwart herein?

Wer anderen weh tut - wem tut er weh außer sich?
Warum zürnst du, wenn der Zorn nur dich trifft?

Buddhistische Weisheit

*Hüte dein Glück
wie die Flamme einer Kerze!*

Ich fühle mich wie ein König! Wie ein König
aus edlem Geschlecht, mit Talenten und Kompetenzen.
Ich träume von Freiheit, von Glück und von Hoffnung,
strotzend von Kraft und Leben.

Mein Leben kündet eine Botschaft:
Meine Freude liegt im Einsatz, mein Erfolg im Dienen,
meine Geduld in der Hoffnung, meine Kraft im Ertragen.
Je mehr ich anderen helfe, umso mehr wird mir geholfen.
Je mehr Wege ich zeige, umso mehr komme ich vorwärts.
Je mehr ich verschwende, umso mehr bleibt mir selber.
Meine Mühe hat Erfolg, mein Eifer bringt Heilung.
Ich halte das Verbrennen aus, um andern Licht zu spenden.
In der Freude wecke ich Hoffnung und Sehnsucht.
Ich ziehe Nutzen und Glück aus dem alltäglichen Tun.

Ich stamme aus einem heiligen Volk,
aus einem königlichen Priestertum,
weil du, o Gott, mich berufen hast.
So will ich mich vor dir und den Menschen
wie ein König verhalten.

*Kein Reichtum
geht über gesunde Glieder,
kein Gut über die Freude des Herzens.*
                              Sir 30,16

Vergeben und Vergessen

Im Laufe der Zeit kommt jeder Mensch in die Lage, daß er Dinge tut, die anderen schaden oder Gott und Menschen weh tun. Das bedarf der Vergebung.

Und was habe ich schon an Unrecht und Schaden, an Bosheit und Schmerz erfahren? - Kann ich verzeihen und vergessen?

Wer nicht vergeben und vergessen kann, schädigt sich nur selbst. Die Psychologen betonen mit Nachdruck, daß viele Krankheiten durch Feindseligkeit, Haß und Unversöhnlichkeit verursacht werden. Der Betroffene denkt voll Bitterkeit und Haß an jene, die ihn verletzt, mißhandelt, betrogen oder sonstwie geschädigt haben. Das führt zu Enttäuschung, Schmerz, Herzklopfen, erhöhtem Blutdruck, Verkrampfung, Unruhe. Dagegen helfen kaum Medikamente. Das einzige Hilfsmittel wäre vergeben und vergessen.

Verzeihen muß ich wollen. Freilich wird dadurch ein Bösewicht nicht sympathisch und ein Unrecht nicht eine Wohltat. Trotzdem kann ich einem solchen Menschen verzeihen und ihm alles Gute wünschen und gönnen: Gesundheit, Wohlergehen, Friede, Freude. Ein einziger Akt des Verzeihens genügt, daß Haß und Bitterkeit aus unserem Herzen weichen. Es sind nur unsere Gedanken und Gefühle, die uns die Erinnerung an erlittenes Unrecht hochkommen lassen und unser inneres Befinden und äußeres Verhalten beeinflussen. Versöhnung als Haltung des Herzens muß darum gewollt, geübt und vollzogen werden.

Auch Gott verzeiht uns immer wieder und gibt uns Gelegenheit, wieder neu anzufangen. Die gleiche Haltung erwartet er auch von uns gegenüber unseren Beleidigern. Dadurch entsteht eine neue Situation, in der wir positiv leben und uns entfalten können. Das ist sehr wichtig, besonders im Zusammenleben mit unseren Angehörigen, Hausgenossen und Mitarbeitern, ganz zu schweigen vom Wert eines ruhigen, ausgeglichenen und frohen Herzens für uns selbst.

Sei gut zu dir -
und vergib den anderen!

Herr, heute erteile ich Generalamnestie:
Jedem Menschen, der mir bewußt Böses getan,
der mir seine Liebe und Achtung verweigert hat,
der mich belogen, betrogen oder hintergangen,
ausgenützt, beschimpft oder geschädigt hat:
Jedem verzeihe und vergebe ich von Herzen.
Ab heute ist für mich und für alle ein Neubeginn.
Sei du der Garant für unsere Vergebung.
Schenke uns Frieden, Freude und Zufriedenheit.

Frei sein

Ich will frei sein von den Irrtümern,
die mir in der Kindheit anerzogen wurden
und die mich heute noch beeinflussen.

Ich will nicht glauben, wie andere glauben,
aus eigener Überzeugung und Liebe
will ich Gott begegnen.

Ich will nicht irren, wie andere geirrt haben.
Meine eigenen Erfahrungen sollen
mein Leben bereichern.

Ich will nicht leiden, wie andere gelitten haben.
Ich will selber sinnvoll leben
und auch im Leid meinen Lebensweg gehen.

Ich will frei sein und ich werde frei sein.
Ich will frei sein von der Angst,
die mich in Situationen scheu und schwach macht,
die bei ruhiger Betrachtung ganz normal sind.

Ich will frei sein von negativen Vermutungen.
Es ist ganz gleich, was andere von mir halten,
Hauptsache ich halte mich für wichtig und gut.

*Überall wollen wir Zeichen
der Fröhlichkeit zurücklassen.*
Weish 1,9

Kolosseum in Rom

Ein Imperium ist zu Ende,
eine Weltanschauung verbraucht.
Eine Hoffnung ist vergangen, ein Leben vorbei.
Eine Freundschaft ist zerbrochen, eine Liebe erlöscht.
Geblieben bin ich und ich kann wieder neu beginnen.

Herr, gib mir eine klare Erkenntnis dessen,
was meine wichtigsten Aufgaben sind.
Und gib mir Kraft, Interesse und Mut,
daß ich mich für sie ganz einsetze und dreingebe.
Laß mich Sinn und Zweck meines Lebens erkennen
und den Weg, der zum Ziele führt:
Daß ich unterscheide und sorgsam trenne,
was nur ich tun kann und muß,
und was anderen zu tun bleibt.
Gib mir Freude an jedem gelösten Problem
und Hoffnung in allen Sorgen und Ängsten.
Laß mich wissen um deine Hilfe,
die am stärksten wirkt in meinem Totaleinsatz.

Du kannst die frohen Stunden verdoppeln:
Teile die Zeit zum Sprechen und Zuhören,
zum Gelten-Lassen, Vertrauen, Gütig-Sein.
Lerne wieder Kleinigkeiten aufzuwerten:
Entdecke Anlässe für Anerkennung, Lob und Dank.
Ein wenig Interesse, Güte und Zeit:
und du kannst trösten, aufrichten, ermuntern,
Freude bereiten und dabei selber froh werden.
Erfreue durch gute Speisen den Leib
und durch gute Worte die Seele.

Geteilte Freude ist doppelte Freude.
Warum verdopple ich so ungern die Freude,
die ich so notwendig im Alltag brauche?

. . . Denn das Reich Gottes
ist nicht essen und trinken,
es ist Gerechtigkeit, Friede
und Freude im Heiligen Geist.
Röm 14,17

Herr, immer wieder erfahre ich,
wie ich durch Menschen und Dinge
selber reich und glücklich werde,
wie ich dadurch die Schönheit der Welt
und meine eigenen Werte entdecke.

Laß mich den ganzen Reichtum erkennen,
den du in Menschen und Dinge gelegt hast,
und in der Freude meines Herzens genießen.

Ich danke dir für mein Leben,
weil es ein Geschenk deiner Gnade ist.
Von dir geschaffen, lebe ich durch dich.
Von dir geliebt, darf auch ich lieben
und alle Menschen in mein Herz schließen.
Von dir beschenkt, kann auch ich schenken
und mit anderen teilen, was mir Freude macht.
Von dir erlöst, kann auch ich Frieden bringen
und die Menschen glücklich machen.

Darum hilf mir, die Freude meines Lebens
von Tag zu Tag zu vermehren,
und sie zu verschenken an meine Mitmenschen.

Er hat mich gesandt,
damit ich den Armen
eine frohe Botschaft bringe...
Jes 61,1

Blick vom Zuckerhut auf Rio de Janeiro

Etwas mehr Geduld und Ehrfurcht gegenüber der Schöpfung und den Menschen brauchen wir, etwas Abstand von den Tagesereignissen. Viele Mißverständnisse, Streitigkeiten und Leiden entstehen meist dadurch, daß wir nicht zuhören und beobachten können. Wir sind voreilig mit unserer Beurteilung. Ein kleiner Moment der Besinnung würde oft genügen, um Abstand zu gewinnen von Menschen und Dingen, von Ereignissen und Erlebnissen. Und das wäre die Voraussetzung, um die Mitmenschen richtig zu verstehen und gütig zu behandeln.

Die Zeit ist mein Leben

Ein Tag ist wenig Zeit. Aber indem wir Abschied nehmen von einem Tag, nehmen wir Abschied von einem Stück Leben. Ein Tag reiht sich an den anderen, und 365 Tage sind ein Jahr. Wieviele Jahre haben wir schon hinter uns? Und wieviele noch vor uns? Franklin sagt: „Wenn du das Leben liebst, dann nütze die Zeit, denn aus ihr besteht das Leben."

Viele klagen darüber, daß sie so wenig Zeit haben. Sie sagen es mit dem Stolz des Unentbehrlichen. Zeithaben ist vielfach nicht Sache der Arbeitsmenge, sondern der inneren Haltung. Nicht die Arbeit reibt uns auf, sondern das falsche Tempo.

Zeit kann nicht nur Geld bringen, sondern auch Krankheit und Tod, denn viele setzen ihre Zeit um in Konferenzen, Tagungen, Besprechungen, Geschäfte, Erlebnisse, Abenteuer, Reisen, Unterhaltung und ähnliche „herzergreifende" Dinge und werden dabei systematisch fertig.

Bei aller Notwendigkeit der Arbeit und der Hast des Lebens steht uns immer nur ein kleiner Augenblick zur Verfügung. Wir besitzen nicht die ganze Lebenszeit auf einmal, sondern haben immer nur in Sekunden-Einheiten zu leben. Was vergangen ist, steht nicht mehr, und was kommen wird, steht noch nicht in unserer Macht. Was jetzt geschieht, das ist unser Leben. Was nützt alles Klagen und Jammern über vergangene Möglichkeiten oder Ereignisse? Was nützen alle Fantastereien über mögliche Leistungen? Echte Lebenskunst besteht darin, den jeweiligen Augenblick ernstzunehmen und mit Sinn, Inhalt und Wert zu füllen.

Was geschieht mit dem Rest meines Lebens?

Das Kostbarste, das wir Menschen besitzen, ist das Leben, die Gesundheit, die Zeit. Aber diese Güter schätzen wir oft erst, wenn sie gefährdet sind.

Jeder hat seine Zeit und darin auch seine Aufgabe von Gott zugemessen bekommen. In Krankheit und Alter zeigt sich, was einer aus seinem Leben gemacht hat. Freilich wissen wir, daß wir nicht alle die gleichen Chancen hatten: wir sind in eine Zeit und Umgebung geboren, die uns geprägt hat. Wie dem auch sei: Jammern hat wenig Sinn. Bleiben wir positiv eingestellt und nehmen wir das Leben, wie es jetzt ist.

Wie auch die Vergangenheit war: Uns ist ein Rest von Zukunft geblieben. Was machen wir damit? Noch liegt es in unserer Hand, wesentlich mitzubestimmen, wie unsere Zukunft aussehen wird. Dabei geht es weniger um Verdienst und Geld, sondern mehr um menschliche Werte: Wie wir uns verhalten, welche Ziele wir verfolgen, wie wir Zeit und Kraft nutzen, das Leben wertvoll und schön zu machen.

Noch haben wir das Glück, daß wir mit unseren Angehörigen zusammenleben. Sollten wir nicht freundlich, nett und liebevoll sein? Was würde mancher geben, könnte er einen Toten wieder zum Leben rufen! Es liegt nur an uns, nachsichtig zu sein, zu vergeben, neu anzufangen und aus eigenen Fehlern zu lernen. Warum verschieben wir so viel auf später, wenn wir gar nicht sicher sind, daß wir dann Zeit und Gelegenheit dafür haben werden?

Es liegt ganz an dir, was du mit dem Rest deines Lebens machst - der heute begonnen hat.

Ich fürchte mich unaufhörlich:
Vor der Krankheit, die ich nie gehabt,
vor dem sicheren Tod, der noch nicht da ist,
vor dem Verlust des Geldes, das immer mehr wird,
vor dem Mangel an Liebe, den ich nie erlebt habe.
Ich weiß noch nicht, was ich verliere,
aber es graut mir heute schon davor.
Ich weiß noch nicht, was passieren wird,
aber ich bin jetzt schon durcheinander.
Ich weiß noch nicht, was man erwartet,
aber ich fürchte schon die Verantwortung.
Ich kaue meine alten Ansichten wieder,
wo ich ganz neu alles betrachten sollte.
Ich schleppe schlechte Erinnerungen mit mir,
wo längst über alles Gras gewachsen ist.
Fürchten sollte ich, die Gelegenheit zu vertun,
die du, guter Vater, mir heute gibst.
Fürchten sollte ich, die Freude nicht zu finden,
die du mir heute so reichlich anbietest.
Der Vogel singt und freut sich des Lebens,
ohne an die Katzen der Umgebung zu denken.
Die Rose blüht in den schönsten Farben,
ohne sich gegen Hagel zu versichern.
Die Vögel des Himmels und die Blumen des Feldes
garantieren mir deine Liebe, o Herr.
Schenke du mir Vertrauen für den heutigen Tag.

Könnten wir im Schatten des Schiefen Turmes von Pisa so unbesorgt spielen? Mit manchem läßt es sich leben, auch wenn es
nicht so sicher und perfekt ist!

Der Kalif Abdelrahman hat sich einmal gefragt, wie glücklich er in seinem Leben bisher war. Er, der sich buchstäblich alles leisten konnte, kommt zu folgendem Ergebnis: „Ich habe fünfzig Jahre in Frieden regiert. Ich habe Siege erkämpft. Meine Untertanen lieben mich. Meine Feinde fürchten mich. Meine Verbündeten achten mich. Ich habe Reichtum und Macht. Ich bin überall geehrt. Ich kann mir jedes Vergnügen leisten. Nichts scheint meinem Glück zu fehlen. Ich habe aber die Tage zusammengezählt, die mir das Schicksal geschenkt hat, um mich ganz und gar und vollauf glücklich zu fühlen. Es waren gerade vierzehn volle Tage!"

Ich will das Große sehen und ersehnen,
das Gute, Schöne und Edle erbitten.
Ich öffne meine Sinne und nehme auf.
Ich laße Gott einwirken in mein Leben.
Herr, kläre meinen Geist und gib mir
edle Gedanken und wertvolle Erkenntnisse.
Erhalte mir die Gesundheit und Kraft.
Erneuere und steigere meine Fähigkeiten.
Ziehe mich hinein in das Erbetene und Ersehnte.
Mit Dank hole ich, was du mir bereit hälst.
Gib mir die Kraft für ein aufgewecktes Leben.
Laß mich jenen Menschen begegnen,
die mich verstehen, anregen, lieben.

Laß dich nicht erdrücken

Laß dich nicht erdrücken
von zu viel Sorgen und Problemen.
Erhalte dir den Optimismus
und die geistige Lebendigkeit.

Laß dich nicht erdrücken
von zu viel Rücksichtslosigkeit.
Vergilt nicht Böses mit Bösem,
überwinde das Böse durch das Gute.

Laß dich nicht erdrücken
von zu viel Arbeit und Verpflichtung.
Nimm dir Zeit für dich und die Deinen
und genieße das kleine Glück des Alltags.

Laß dich nicht erdrücken
von zu viel Ängsten und Befürchtungen.
Lerne vertrauen auf Gott.
Er fügt doch alles zum Besten.

Laß dich nicht erdrücken
von zu viel Leistung und Erfolg.
Dein Leben liegt im Lieben
und in deiner Beziehung zu anderen.

Dieses Bild, im Spaß aufgenommen, gibt doch die Wirklichkeit
treffend wieder: Wie oft bindet eine Last Hände und Füße, Auf-
merksamkeit und Interesse, und hält Leib und Seele in Spannung. Wirf jede unnütze Belastung ab, damit du frei und froh
werden kannst.

Ich suche intensives Leben:
Bewegung, Freude, Frieden.
Ich suche Arbeit, Anerkennung, Leistung.
Ich suche mehr, als ich bisher gefunden.
Ich suche eine Zukunft, die nicht enttäuscht.
Ich möchte gefordert werden, Besseres tun.
Nicht umsonst habe ich gelitten,
nicht ziellos gelernt.
Ich suche Freiheit.
Ich suche Freude und Frieden.
Ich suche Nahrung und Leben.
Herr, ich suche, ich bitte, ich klopfe an:
Laß mich hinein in die neue Zukunft.
Nicht umsonst hast du, großer Lehrmeister,
mich in deiner Schule Geduld gelehrt.

Atme in mir, du Heiliger Geist,
daß ich Heiliges denke.
Treibe mich, du Heiliger Geist,
daß ich Heiliges tue.
Locke mich, du Heiliger Geist,
daß ich Heiliges liebe.
Stärke mich, du Heiliger Geist,
daß ich Heiliges hüte.
Hüte mich, du Heiliger Geist,
daß ich das Heilige nimmer verliere.

Hl. Augustinus

Kathedrale in Brasilia, Brasilien

Die Kathedrale von Brasilia ragt in die Erde hinein und weist mit den mächtigen Rippen über das Kreuz nach oben: Ist das nicht wie ein Symbol dafür, daß wir uns in unser Innerstes zurückziehen sollen, um einen kraftvollen Schwung nach oben zu nehmen? Im Gebet wenden wir uns so an Gott. Von uns ausgehend münden wir im Herzen Gottes. Das Beten geht ins Kreuz über und teilt sich auf in zwei Richtungen: Zu Gott im Himmel und zu den Mitmenschen auf Erden. Die Kirche ist uns Heimat und zeigt uns den Weg. In ihr können wir uns geborgen und glücklich fühlen.

Ich übergebe dir meine Sorgen

Herr, ich übergebe dir alle meine Sorgen,
die ich mit mir oder meinen Mitmenschen habe,
mit meinen seelischen und körperlichen Leiden.
Du hast auch mir durch den hl. Petrus gesagt:
„Werft alle eure Sorgen auf den Herrn,
denn er kümmert sich um euch!" (1 Petr. 5,7)
Vertrauensvoll nehme ich dich beim Wort
und werfe alle meine Sorgen dir in die Hand.
Mache damit, was du willst, sie gehören dir.

Mit meinen Sorgen übergebe ich dir auch
alle meine Ängste und bedrängenden Gefühle,
die in mir wühlen und immer wieder hochkommen,
die mich quälen und unglücklich machen.
Ich löse sie von den Menschen und Umständen,
von den Ursachen und Zufälligkeiten,
in denen sie zu wirken begonnen haben.
Ich übergebe sie dir, so wie sie jetzt sind,
auch wenn sie in mir noch spürbar bleiben.
Alle Unsicherheit und Angst tausche ich ein
für die Gewißheit, daß du für mich sorgst.

Ich übergebe dir alles, was mich erregt:
jede Unzufriedenheit und Enttäuschung,
jeden Ärger und Zorn, Haß und Schmerz.
Zeige mir, wie du alles siehst und beurteilst
und hilf mir, meine Aufgabe zu erkennen,
wie ich aus allem das Beste machen kann.

Heile mein ungesundes Selbstmitleid,
daß ich mich nicht so oft und so stark
getroffen, beleidigt und gedemütigt fühle.
Hilf mir, daß ich vergeben und vergessen kann.
Ich übergebe dir meine Rechte und Möglichkeiten,
um mich zu verteidigen und zu rechtfertigen.
Ich will niemand Böses mit Bösem vergelten,
ich will nicht mehr bei mir immer nur das Gute
und bei anderen das Schlechte hervorkehren.
Ich überlasse dir die Beurteilung jeder Situation.

Ich übergebe dir auch jeden Grund, den ich habe,
mich zu sorgen, zu ängstigen oder zu bemitleiden.
Ich will nicht mehr an das Ungute zurückdenken,
wie und warum das Schmerzliche begonnen hat.
Es genügt, daß du es weißt und übernimmst.
Ich übergebe dir meine Krankheiten und Leiden.
Du kennst ihre Ursachen und Auswirkungen.
Du kennst auch den Weg der Besserung und Heilung.
Ich will mit Vertrauen in die Zukunft blicken,
weil du nur mein Bestes willst und tust.

Herr, ich danke dir und preise dich,
daß du mich so entschieden aufgefordert hast,
anstatt mich zu ängstigen und zu ärgern,
anstatt zu jammern und unglücklich zu sein,
vertrauensvoll dich für mich sorgen zu lassen.
Ich weiß, daß du mir hilfst und danke dir dafür.

Was du einem Feind Böses wünschst, befällt dich selber:

+ Daß dieser ein häßliches Aussehen habe, wünschst du ihm so intensiv, daß du selber böse dreinschaust.

+ Daß dieser einen schlechten Schlaf habe, malst du dir so genau aus, daß du dabei selber nicht einschlafen kannst.

+ Daß dieser keine großen Vorteile erlange, beschäftigt dich so intensiv und nachhaltig, daß du dabei deine Geschäfte vernachlässigst.

+ Daß dieser keine Erfolge habe, willst du so stark beeinflussen, daß du nur noch unter Streß und Hetze arbeitest und so deinen eigenen Fortschritt gefährdest.

+ Daß dieser kein Ansehen genieße, suchst du mit so viel übler Nachrede zu erreichen, daß du dein Ansehen bei den Zuhörern verlierst.

+ Daß dieser keine Freunde habe, betreibst du mit solcher Hinterlist, daß du dir deine Freunde abspenstig machst.

+ Daß diesen der Teufel hole, wünschst du mit solcher Imbrunst, daß der Teufel sich freut, von dir als Gehilfe angerufen zu werden.

Freut euch mit den Fröhlichen und weint mit den Weinenden!
Röm 12,15

Mahnmal der Ungarn im KZ Mauthausen, OÖ.

+ Ich will mit deiner Hilfe, o Herr, neu beginnen,
meine alten Sorgen und Probleme zurücklassen
und gerade heute mit großem Vertrauen und Glauben
von dir und den Mitmenschen Gutes erwarten.
+ Ich will dir alles geben und überlassen,
was meinen seelischen Belastungen zugrunde liegt
und nicht soviel an das denken, was mir fehlt,
sondern an das, was ich habe und was in Ordnung ist.
+ Ich will nicht mehr an meine Sorgen und Leiden denken,
und nicht verzagen wegen unguter Erfahrungen,
dafür aber das Gute und Schöne mehr beachten
und mit Zuversicht und Freude in die Zukunft blicken.
+ Ich will bewußt keine negativen Worte gebrauchen
und nicht Schlechtes und Unangenehmes weitererzählen.
Dafür aber will ich freundlich und höflich sprechen,
andere ermutigen und ihnen Freude bereiten.
+ Ich will aufhören, geistig in der Vergangenheit zu leben.
Ich will längst entschiedene Kämpfe ruhen lassen,
denn ich bin inzwischen ein anderer geworden
als ich vor zehn Jahren oder noch gestern war.
Gib mir die Kraft, zu verzeihen und neu zu beginnen.
+ Ich will in der Gegenwart leben
und Geist und Körper, Seele und Gemüt
mit aufbauenden Gedanken und Aktionen erfüllen.
Ich will gute Pläne für die Zukunft machen
und meine Zeit damit verbringen,
deinen Willen zu erkennen und zu erfüllen.
Danke, Herr, daß ich mit dir neu beginnen darf.

Am Highway in Kanada

Ein Umzug mit der vertrauten Welt der eigenen Wohnung: Wie schön wäre es, von Zeit zu Zeit alles zusammenzupacken und an einem neuen Platz unter besseren Bedingungen neu anfangen zu können! Aber was erwartet mich am neuen Ort? Ein radikaler Neuanfang kann ein großer Segen sein. Oft ist es besser, finanzielle Einbußen auf sich zu nehmen, als Frieden und Freude zu verlieren. Auch kleine Änderungen sind oft angebracht und bewirken große Vorteile. Wenn es links nicht weitergeht, versuche es doch rechts!

Frage vor einem Spiegel

Sehe ich einem Menschen gleich
in den besten Jahren seines Lebens?
Sieht so ein erfolgreicher, froher,
dankbarer und gütiger Mensch aus?
Kann ich meinen Anblick ertragen?
Können andere mein Aussehen ertragen?

So wie ich bin hast du, Herr, mich gewollt.
Ich bin ein Tempel des Heiligen Geistes,
erkauft um das kostbare Blut Jesu Christi.
Ich bin beschenkt mit Gnade und göttlichem Leben,
mit allen Gaben für ein erfülltes Leben.
In meinem Innersten bist du, o Gott.
Ich nehme teil an deiner Freude, Güte und Macht.
Von dir kommt die lebensnotwendige Kraft
für ein erfülltes, frohes Leben.
Und diese Liebe zu dir und zu den Mitmenschen
wirkt auf mich und mein Leben zurück.
Ich weiß, daß du, Herr, mir dazu die Kraft gibst,
meine Tagesaufgaben erfolgreich zu erfüllen.
So gehe ich mit Zuversicht und Freude in den Tag.
Du, o Herr, hast alles zu meinem Besten bereitet.

Der Herr ist Freude für das Herz,
Licht für die Augen,
Heilung, Leben und Segen.
                              Sir 34,20

Schloß Losensteinleiten, Oberösterreich

Alle negativen Aussagen meiner Mitmenschen,
die sie mir schon seit der Kindheit vorhalten,
sind nicht meine Aussagen über mich.
Und weil sie einseitig sind und nicht stimmen,
entziehe ich ihnen die Macht ihrer Wirksamkeit.
Von nun an gilt nur noch meine Meinung über mich.
Und ich betrachte mich als ein Kind Gottes.

Maria spielt im Leben der Christen eine große Rolle. Sie hat an der Erlösung mitgewirkt und wurde uns von Christus ausdrücklich als Mutter gegeben. Was die Mutter im irdischen Bereich für uns bedeutet, das alles ist Maria in erhöhtem Maß auch für unser Verhältnis zu Gott. Sie ist uns auch Beispiel der Bereitschaft, Gottes Willen anzunehmen und zu erfüllen; Hilfe auf dem Weg zu Gott; Mutter und Fürsprecherin in persönlichen Belangen; Mittlerin aller Gnaden. Von allen Heiligen vermag sie für uns am meisten zu tun. Es ist wunderbar, eine solche Mutter zu haben. Wir beten Maria nicht an. Anbetung gebührt allein Gott. Aber wir ehren sie und rufen sie um ihre Fürbitte an. Dieses Geschenk hat uns Christus am Kreuz hinterlassen, als er sagte: „Siehe da, deine Mutter".

Gegrüßet seist du, Maria, voll der Gnade. Der Herr ist mit dir. Du bist gebenedeit unter den Frauen und gebenedeit ist die Frucht deines Leibes, Jesus. Heilige Maria, Mutter Gottes, bitte für uns Sünder, jetzt und in der Stunde unseres Todes. Amen.

O meine Gebieterin, o meine Mutter: Ich weihe mich dir ganz. Und um dir meine Hingabe zu beweisen, weihe ich dir heute meine Augen, meine Ohren, meinen Mund, mein Herz und mich selber ganz und gar. Da ich also dir gehöre, o gute Mutter, so bewahre mich und beschütze mich als dein Gut und dein Eigentum. Amen.

Altarbild in Volders, Tirol

Glaube oder Zweifel

Eigenartig,
gerade wo ich
glauben sollte,
an die eigene Kraft,
an den Sinn meines Lebens,
zweifle ich,
obwohl der Glaube
meine Kräfte veredelt
und mich die Ziele
erreichen läßt,
die mich glücklich machen.

Eigenartig,
daß ich gerade dort
die Liebe nicht habe,
wo sie am nötigsten ist:
denn meine Hausgenossen
leben nicht davon,
daß ich irgendwo
in der Ferne
große Hilfswerke unterstütze,
Zeit und Kraft aufwende,
um für Unbekannte
etwas Gutes zu tun.

Eigenartig,
daß ich gerade die Dinge
lese und studiere,
die andere betreffen,

anstatt das zu beleben,
was ich selber brauche
zur Weckung neuer
Einsichten und Kräfte.
Bevor ich anderen
Ratschläge gebe,
sollte ich alles zuerst
für mich fruchtbar machen.

Eigenartig,
daß ich soviel über Gott rede
und so selten mit ihm.

Jemand hält sich für Napoleon.
Er benimmt sich auch entsprechend.
Welcher Einbildungskraft ist der Mensch fähig!
Nur der Kranke?

Anstatt mit falschem Gedankengut
meine Unfähigkeit zu untermauern
und in mir Neurosen zu erzeugen,
kann ich durch bewußte Lenkung
der geistigen Energie
Gesundheit und Freude entwickeln.
Sage nicht mehr:
Ich kann nicht, ich weiß nicht usw.
das macht dich nur verrückt.
Sage lieber: Gott hilft mir!
Ich vermag alles in dem, der mich stärkt.

Wir warten, daß sich die Welt verändert.
Wir warten auf eine Bewegung,
die uns mitträgt.
Wir sind die Bewegung.
Wir sind die Änderung.
Wir sind die Zukunft.

Wir warten, daß jemand anfängt.
Wir warten auf eine Elite,
die uns mitreißt.
Wir sind die Elite.
Wir sind die Begeisterten.
Wir haben die Berufung.

Wir warten auf einen neuen Aufbruch.
Wir warten auf Ideale,
die uns erneuern.
Wir haben die Ideale.
Wir haben mutige Ziele.
Wir haben die Sendung.

Wir warten auf eine neue Kraft.
Wir warten auf einen Helfer,
der uns den Frieden bringt.
Du bist unsere Kraft, o Herr.
Du bist unser Helfer.
Du bist der Gott des Friedens.
Du bist unsere Zukunft und Freude.
Du bist Weg, Wahrheit und Leben.

Kamillianerkloster, Berlin-Charlottenburg

Gott schenkt uns unendlich viel, ohne daß wir es merken. Er sendet uns den Geist der Liebe, den Helfer und Tröster und begleitet uns durch Freud und Leid. Er gibt unserem Leben Inhalt und Sinn, Freude im Erfolg und Hilfe im Leid. Wenn er auch nicht alles nach unserem Wunsch fügt, so gibt er doch die Kraft, aus allem das Bestmögliche zu machen. In Gott sind wir reich gesegnet.

Manche Menschen leben nur noch für die Arbeit. Erst wenn sie nicht mehr können, merken sie, daß sie eigentlich hätten arbeiten sollen, um zu leben. Aber wer kann sich sein Schicksal aussuchen? Und doch liegt es auch an uns, wie wir es versuchen, Herr der Lage zu bleiben. Viel kann uns dabei das religiöse Leben helfen. Fleiß und Tüchtigkeit sollten uns nicht von Gott wegführen. Erst durch unsere Verbindung mit Gott wird das Leben sinnvoll und schön, harmonisch und zufriedenstellend.

Vater unser im Himmel,
geheiligt werde dein Name.
Dein Reich komme.
Dein Wille geschehe,
wie im Himmel so auf Erden.
Unser tägliches Brot gib uns heute.
Und vergib uns unsere Schuld,
wie auch wir vergeben unseren Schuldigern.
Und führe uns nicht in Versuchung,
sondern erlöse uns von dem Bösen.
Denn dein ist das Reich
und die Kraft und die Herrlichkeit
in Ewigkeit. Amen.

Dreifaltigkeitssäule Baden bei Wien

Wie gut, daß es die Brücke hinüber gibt

Unser Leben verläuft manchmal sehr bewegt. Immer wieder stehen wir vor neuen Aufgaben und Entscheidungen, wo es Erfolg und Versagen gibt. Mitunter tun wir uns schwer und begehen Fehler vor Gott und den Menschen: wir sind egoistisch, rücksichtslos, ohne Liebe, wollen uns von niemandem dreinreden lassen und das Leben selber bestimmen. Wohl jeder hat irgendwelche Probleme, mit denen er nicht recht fertig wird. Da müssen wir innehalten, uns neu orientieren, umkehren und neu beginnen. Es gibt auch eine Schuld, die wir auf uns laden, weil wir den klar erkannten Willen Gottes nicht tun und das Leben ohne ihn gestalten wollen. Wir sollten uns darüber nicht hinwegtäuschen lassen. Damit ist niemandem geholfen.

Echte Hilfe hingegen ist uns von Gott gegeben. Er schlägt die Brücke zu uns. Er kommt uns entgegen und gibt uns die Möglichkeit, wieder neu anzufangen und Vergebung zu finden. Dafür hat Christus sein Leben geopfert, dafür hat er die Kirche gestiftet, dafür gibt es die Sakramente. Und nun eine persönliche Frage: Glauben Sie an einen gütigen Gott, der uns verzeihen kann und will? Und wie stehen Sie zur Beichte? Beichten ist eigentlich gar nicht schwer. Es ist nur verlangt, daß wir vor Gott unsere Sünden und Fehler erforschen, sie beim Namen nennen, vor dem Priester bekennen, ehrlichen Herzens bereuen und wirklich eine Besserung anstreben. Man kann das Gewissen erforschen nach der gewohnten Weise anhand der zehn Gebote. Man kann aber auch den Priester bitten, er möge Fragen stellen; so entsteht oft ein gutes Beichtgespräch. Wichtig ist nur, daß wir an die Verbindlichkeit der sittlichen Ordnung glauben, wie sie in der Heiligen Schrift grundgelegt ist, und Gott hereinwirken lassen in unser Leben. Freilich sollten wir auch daran denken, daß jede sittliche Tat auch einen sozialen Bezug hat und damit eine Auswirkung auf die Mitmenschen. Es wäre darum gut, daß wir unser eigenes Leben, unser Tun und Lassen, unser Wollen und Vollbringen überprüfen und, wenn nötig, wieder ins rechte Lot bringen, was vor Gott und den Menschen nicht in Ordnung war: daß wir also die Brücke wieder hinübergehen und den Neubeginn wagen.

Sag nicht: „Der Herr ist schuld, daß ich Unrecht getan habe." Er veranlaßt niemals etwas, das er haßt! Sag nicht: „Er selbst hat mich in die Irre geführt." Zur Ausführung seiner Pläne braucht er keine Sünder. Der Herr haßt alles, was abscheulich ist, darum kann keiner so etwas lieben, der ihn ernst nimmt. Am Anfang, als der Herr den Menschen schuf, hat er ihm die Freiheit zu eigener Entscheidung gegeben. Wenn du willst, kannst du seine Gebote befolgen. Von deiner Entscheidung hängt es ab, ob du ihm die Treue hältst. Er hat Feuer und Wasser vor dich gelegt; du selbst hast die Wahl, welches von beiden du nehmen willst. Du kannst wählen zwischen Leben und Tod und bekommst, was du wählst. Die Weisheit des Herrn und seine Macht sind groß, und er sieht alles. Er weiß alles, was ein Mensch tut. Freundlich blickt er auf die, die ihm gehorchen. Er hat keinem befohlen, schlecht zu sein, und keinem erlaubt, Unrecht zu tun.   Sirach 15,11-20

Ich hole meine Gedanken und Erinnerungen zusammen
und lasse sie ruhen in meinem Gedächtnis.
Was auch gewesen sein mag, es ist vorbei
und jetzt möchte ich wieder meinen Seelenfrieden,
meine Ruhe und das inneres Gleichgewicht.
Ich löse mich von den unguten Ereignissen und
gehe mit einem großen Vertrauen in die Zukunft.
Ich übergebe Gott alles, was heute war,
daß er das Gute erhalte und das Böse überwinde.
Er gebe mir für den neuen Tag seine Gaben:
Zuversicht und Freude, Hoffnung, Mut und Kraft.
Gesund, frisch und froh werde ich erwachen und
das Geschenk des neuen Tages dankbar annehmen.
Alles vermag ich in dem, der mich stärkt.

Im Schlaf will ich neue Kräfte sammeln
für die Verantwortungen des neuen Tages.
Ich will nicht schlaflos die Zeit
mit den kleinen Affären zubringen,
damit ich am Morgen wach und frisch
mehr denn je geeignet bin,
meine Aufgaben zu erfüllen.

Dankt dem Vater mit Freude!
Kol 1,12

Cap Sounion, Griechenland

Die untergehende Sonne erinnert uns jedesmal, daß wieder ein Tag unseres Lebens vorbei ist. Er war geschenkt von Gott und sollte etwas besonderes bringen. Was war das Besondere dieses Tages? Habe ich ernst genommen, was Gott von mir erwartet hat? Der Tag hatte auch viel Gutes. Danke und freue dich über all das Schöne, das es nur heute gab. Warum trachten wir nicht mehr danach, den Tag so schön zu machen, daß wir gerne an ihn zurückdenken?

Herr, am Abend dieses Tages
danke ich dir für alles Gute,
das du mir heute erwiesen hast.
Deinem Segen verdanke ich alle gute Arbeit
und allen Erfolg dieses Tages.
Du hast mir Gelegenheit gegeben,
Gutes zu tun und Freude zu erleben.
Du hast mich vor Unglück bewahrt,
und mit meinen Schwächen Erbarmen gehabt.
Ich danke dir auch für alles Schöne,
das ich durch Menschen erfahren durfte.
Durch deine Liebe war dieser Tag gesegnet.

Herr, ich habe zwar den guten Willen,
dir zu dienen, aber du weißt,
wie schwach ich bin und wie schwerfällig
ich oft deinen Anregungen folge.
So bitte ich dich um Verzeihung,
wenn es mir heute an Liebe zu dir
und zu den Mitmenschen gefehlt hat.
Was mir an Liebe gemangelt hat,
das tilge durch dein Erbarmen.
Du willst ja nicht den Tod des Sünders,
sondern daß er sich bekehre und lebe.
So ergänze mit deiner Liebe,
was meinem schwachen Herzen noch fehlt.
Mache mich in deiner Gnade wieder heil
und hilf mir, besser zu werden.

Schenke mir eine ruhige Nacht,
in der ich mich erhole und neue Kraft finde,
für die Aufgaben des kommenden Tages.
Wie ich mich unbesorgt dem Schlaf hingebe,
so überlasse ich voll Vertrauen alles dir:
mein Denken, Sorgen und Arbeiten,
meine Zukunft und mein ganzes Leben.
Du hast mich heute gesegnet
und wirst mich auch morgen segnen.
Darauf vertraue ich ganz fest.

In diesem Vertrauen empfehle ich dir
auch meine Angehörigen und Verwandten,
meine Freunde und Bekannten.
Schenke deinen Segen und deine Hilfe
auch den Kranken und Leidenden,
den Einsamen und Verzweifelten,
den Schwerkranken und Sterbenden.
Gib den Verstorbenen deinen Frieden.

In dem frohen Bewußtsein deiner Nähe
will ich das Geschenk des neuen Tages erwarten
und alles, was du mir für morgen bereitet hast.
Schenke mir ein frohes Erwachen am Morgen.
Gib, daß mich jeder Tag meiner ewigen
Bestimmung näher bringe und hilf mir, so zu
leben, daß ich mich vorbereite
auf die große Begegnung mit dir,
wenn du mir alles in allem sein wirst.

Was ist von meinen Sorgen geblieben?

Was hat mir schon im bisherigen Leben
Ärger gebracht und die Freude verdorben –
und doch ist alles weitergegangen,
und oft gar nicht so schlecht.
Halte bei jedem Gedankenstrich inne
und denke an die angesprochene Wirklichkeit zurück
und lerne für die Gegenwart und Zukunft.

Mein größter Verlust war einmal –
Ist das Leben nicht ganz gut weitergegangen?

Mein größtes Unrecht war einmal –
Habe ich nicht längst vergeben?

Mein größter Mißerfolg war einmal –
Ist nicht längst alles ausgeglichen?

Mein größter Schmerz war einmal –
Ist er nicht längst vergessen?

Meine größte Enttäuschung war einmal –
Habe ich damit nicht längst leben gelernt?

Meine größte Zurücksetzung war einmal –
Bin ich nicht trotzdem vorwärts gekommen?

Meine größte Sünde war einmal –
Hat Gott mir nicht längst vergeben?

Meine größte Dummheit war einmal –
Bin ich nicht gescheiter geworden?

Meine größte Sehnsucht war einmal –
Habe ich nicht längst andere Interessen?

Meine größte Bitte war einmal –
Ist es nicht auch ohne Erfüllung gegangen?

Meine größte Leistung war einmal –
Danke, daß ich das fertig gebracht habe.

Meine größte Liebe war einmal –
Von ihr habe ich bis heute gelebt.

Meine größte Sorge war einmal –
Bin ich daran nicht gewachsen?

Meine größte Freude war einmal –
Das macht mich heute noch glücklich.

Mein größtes Geschenk ist bis heute –
Daß ich immer wieder neu anfangen kann.

Er richtete seine Augen auf seine Jünger und sagte:
Selig ihr Armen, denn euch gehört das Reich Gottes.
Selig, die ihr jetzt hungert, denn ihr werdet satt werden.
Selig, die ihr jetzt weint, denn ihr werdet lachen.
Selig seid ihr, wenn euch die Menschen hassen und aus ihrer
Gemeinschaft ausschließen, wenn sie euch beschimpfen
und in Verruf bringen um des Menschsohnes willen. Freut
euch und jauchzt an jenem Tag, euer Lohn im Himmel wird
groß sein.

Lk 6,20ff

Herr, du bist hilfsbereit und freigebig,
weil dir unsere Not wirklich zu Herzen geht.
Du gibst dem reichlicher, der bereit ist,
das Empfangene an die Mitmenschen weiterzugeben.
Ich will dich ehren und dir Freude machen,
indem ich mich in den Kreislauf deiner Güte
hineinziehen lasse und das weitergebe,
was du gerade durch mich verschenken willst.
Ich will deine Liebe anderen erfahrbar machen,
daß auch sie dich loben und dir danken.
Und gib, daß ich stets in deiner Nähe sein darf,
bei den Notleidenden, die mich brauchen,
denn du bist mitten in der Not der Menschen.

Meine Seele rühme sich des Herrn.
Die Armen sollen es hören
und sich freuen.

Ps 34,3

Unsere tägliche Freude gib uns heute

Meine Lebenswerte muß ich schützen.
Ich lasse mir nicht das zerstören,
was mein Leben schön macht
und mir täglich Freude bereitet.
Gott schenkt mir Kraft und Freude.
Er gibt mir, was ich brauche.
Mein Leben wird von innen her
durch seine Liebe gesteuert.
Und er hat in mir grundgelegt
die Sehnsucht nach Glück und Freude.

Vater unser im Himmel,
geheiligt werde dein Name.
Dein Reich komme.
Dein Wille geschehe,
wie im Himmel, so auf Erden.
Unsere tägliche Freude gib uns heute
und vergib uns unsere Schuld,
wie auch wir vergeben unseren Schuldigern.
Und führe uns nicht in Versuchung,
sondern erlöse uns von dem Bösen.
Denn dein ist das Reich
und die Kraft und die Herrlichkeit
in Ewigkeit. Amen.

Freut euch zu jeder Zeit!
Kol 5,16

Ich hoffe, daß es Ihnen Freude macht, mit diesem Buch zu beten und zu meditieren. Vielleicht denken Sie auch an manchen Ihrer lieben Mitmenschen, dem dieses Buch wertvolle Anregungen geben könnte für ein neues Beten. Sie könnten damit gelegentlich eines Festtages oder Jubiläums eine nachhaltige Freude bereiten, und sicher wäre mancher überrascht, wenn er mit diesem Geschenk erfährt, daß seine „tägliche Freude" Ihr Herzenswunsch ist.

Und Ihnen wünsche ich, daß dieses Gebetbuch Ihr ständiger Begleiter wird und Sie in Freud und Leid zu Gott führt. Im Laufe der Zeit wird es eine große Schar sein, die mit diesem Gebetbuch betet. So liegt es nahe, daß wir uns als eine Gemeinschaft von Betern verstehen und auch füreinander beten. Darum lade ich Sie ein, manchmal auch mit den Frohen und Dankbaren Gott zu loben, und für die Traurigen und Leidenden Gottes Hilfe zu erflehen. Und nicht zuletzt bitte ich Sie, auch für mich zu beten, wie auch ich Sie in mein priesterliches Gebet einschließen werde.

P. Paul Haschek